Dieses Buch gehört:

_____

_____

Das Kochbuch aus Schwaben

Gesammelt, aufgeschrieben und ausprobiert von

Hans Karl Adam

verlegt von
Wolfgang Hölker

ISBN 3–88117–013–8
VVA 2.8000013/2
©Copyright 1976/EA by Verlag Wolfgang Hölker
4400 Münster, Martinistraße 2
Alle Rechte vorbehalten, auch auszugsweise
Printed in Germany by Druckhaus Cramer, Greven
Imprimé en Allemagne
Buchbinderische Verarbeitung: Klemme und Bleimund, Bielefeld
Musterschutz angemeldet beim Amtsgericht Münster

Inhalt

Der wo ons möcht kenna lerna,

Onser Wesa will „erfassa",
Der muaß mit ons zammasitza
Ond mit ons sichs schmecka lassa:

Knöchla
Sauerkraut ond Spätzla
Mutschla, Sääla
Kipf ond Brezla
Hutzelbrot
ond Laugawecka
Schwartamaga
Peitschastecka
Gaisburger Marsch
ond viel Salätla
Pfitzauf, Zemmetstern
ond Flädla
Guatsla
Hefakranz ond -zöpfla
Fasnetküachla
Gsälz ond Knöpfla
Streuselkuacha
Supp ond Sooß
Maultascha, Dampfnudla
riesagroß!
Gugelhopf, Sprengerla ond Waffla
Leber-, Bachstoi-, Luckeleskäs
Älles dees en Abständ g'nossa
Ist ons Schwoba „artgemäß"!

6

Schwäbische Küche

> Liaba meh esse,
> als z'wenig trinke.

Blättern wir in aller Ruhe im goldenen Buch der deutschen Küche, so entdecken wir eine Reihe traditionsreicher Kapitel. In allen finden wir köstliche, für die Gegend typische Rezepte. Wünscht man, sie original zu genießen, muß man einfach dorthin fahren.

Ein Kapitel aber hebt sich vorteilhaft von allen anderen ab, es ist die

Schwäbische Küche.

Überfliegt man es hurtig, spürt man schon einen Hauch von gemütlicher Behaglichkeit und man denkt unwillkürlich an die Köchin aus Liebe.

Unterhält man sich irgendwo in der Bundesrepublik über die schwäbische Küche, dann hört man sofort »Spätzle, Maultaschen, Gaisburger Marsch, Filderkraut, Veschper und Kartoffelsalat«. Diese wenigen Gerichte bilden das Tor zu dem blühenden, handfesten, nahrhaften Küchenreich der Schwaben.

Betrachten wir uns einmal die Spätzle näher. Übrigens hat darüber Herr Dr. Lerch ein aufschlußreiches Brevier geschrieben. Es entpuppt sich dieses schwäbische Leibgericht ganz schlicht aus Mehl, Wasser, Salz und Eiern zubereitet. Wer will bestreiten, daß es diese einfachen Zutaten in der ganzen Welt gibt? Aber was haben die Schwaben daraus zu machen vermocht. Allein in unserem Buch findet man mehr als zehn verschiedene Arten, eine besser als die andere.

Fügt man zu diesen Grundzutaten noch Zucker, Mandeln und Gewürze hinzu, bekommt man die verschiedensten Teige, aus denen die berühmten Weihnachtsgutsle gebacken werden. Diese Rezepte vererben die Mütter ihren Töchtern. Für die Springerle mit den Füßle schnitzten die Bäcker und Konditoren sogar ihre Model selber aus Holz, um hübsche Bilder auf das Gebäck zu drücken. Heute bewundert man die alten Backmodel in Heimatmuseen.

Mehl und Eier, freilich noch ein wenig mehr, wie die Äpfel für den Mooscht, erzeugen sich die meisten Schwaben auf ihrem Gütle selber. Auch die Industriearbeiter kommen nach Feierabend heim und bearbeiten ihren Acker. Sie bewegen sich dann an der frischen Luft, halten sich gesund und munter und als Lohn für ihren Fleiß bewahren sie sich die Unabhängigkeit in der Nahrung und in der Küche bei ihrer Zubereitung. Selbständigkeit ist ein bedeutender Schritt zur persönlichen Freiheit, die man hierzulande hoch einschätzt. Aus dieser Freiheit entspringt der unbändige Wille, mit Phantasie das Unmögliche möglich zu machen, zu Erfindungen, zum Tüfteln sowohl auf geistigem Gebiet als auch auf technischem.

Eine kleine Reihe schwäbischer Berühmtheiten dürfen wir hier aufzählen:

> Paracelsus, Keppler, Schiller, Hegel, Hölderlin,
> Mörike, Uhland, Einstein, Bosch, Daimler, Heinkel,
> Junghans und Heuss.

Diese Liste ist keineswegs vollständig. Sie alle wurden mit der schwäbischen Küche zu Genies mit Weltgeltung. Ob sie es bei anderer Kost auch geworden wären, sei dahingestellt. Auch heute noch ist die schwäbische Küche genial und eine Küche für Genies.

Nicht umsonst sagen große Künstler immer wieder: »Das Einfachste ist das Göttliche«. Drum kann man über die schwäbische Küche nicht sprechen, ohne den Mooscht, dieses kräftige Getränk aus selbstgezogenen Äpfeln und Wasser, zu erwähnen.

Wenn heute fast nur noch die Bauern bei ihrer schweren Feldarbeit im warmen Sommer ihren Durst mit Mooscht stillen, so hat doch der Wein an Bedeutung gewonnen. Ja, die schwäbische Küche ist einfach und habhaft, aber man kann sie nicht ohne das »Viertele Wein im Henkelesgläsle« betrachten.

> Dr heilig Sankt Urban sait:
> Männer, i kenn's,
> dr Wei' isch für d'Menscha,
> ond 's Wasser für d' Gäns!

Wie der Bayer seine Brotzeit, der Freiburger sein Z'nüni kennt, so schätzt und genießt der Schwabe sein Veschper. In Balingen ist die Frage: »Hoscht scho gveschbret?« zum berühmten Gruß geworden. Dieser alte Balinger Gruß ist ebenso wie der Spitzname »Balinger Loable« heute noch lebendig. Wie wichtig für die Balinger schon immer das »Veschber« war, zeigt auch ein Geldschein von 1923, auf dem der Balinger Gruß abgedruckt war. Und schon 1715 gab es in Balingen 44 Metzger, 50 Bäcker und 11 Schildwirtschaften. (Im gleichen Jahr nennt ein Verzeichnis 260 Häuser und Werkstätten.) Zu dem Namen »Loable« kamen die Balinger, als es in Hesselwangen bei einem Bäcker brannte und die Balinger Feuerwehr einspringen mußte. Einer der Balinger Feuerwehrmänner konnte von der Leiter aus in die Backstube sehen und sah dort schöne neugebackene Brote auf dem Tisch liegen. Typisch für einen Balinger rief er seinen Feuerwehrkameraden zu: »Schlaget d' Fenster nei und holet d' Loable raus, daß mr drno glei veschbera ka«.

Ja, diese Zwischenmahlzeit nimmt man ernst, wenngleich auch nicht so ernst, daß man dabei nicht lachen würde. Schinkenwurst, Schwartenmagen, Tellersulz, Saitenwürschtle, Laugenbrezen, Backsteinkäs, das sind nur einige von den handfesten Genüssen, die dafür auf den weiß gescheuerten Ahorntisch kommen.

Wer sich davon überzeugen möchte, daß die schwäbische Küche, freilich wie schon erwähnt in Verbindung mit Moscht, Bier und dem Wein aus dem Ländle, einfach, handfest, phantasiereich, wohlschmeckend und bekömmlich ist und dabei heiter und erfinderisch macht, der probiere die Rezepte aus unserem schwäbischen Kochbuch aus. Allmählich wird dann auch der Nichtschwabe dahinter kommen, daß es stimmt:

Gemütlicher leben Schwaben und fein,
mit schwäbischer Küche und schwäbischem Wein!

9

Suppen und Suppeneinlagen

Tomatensupp aus Metzingen

Über die Supp ist es Herrn drübergesprungen.

4 Personen

*50 g magere Speckwürfel, 4 Eßl. Zwiebelwürfel,
300 g abgezogene Tomatenscheiben, 50 g Grieß,
1 l Fleischbrühe, Salz – schwarzer Pfeffer – Oregano (nur wenig), 2 Eier, aufgeschlagen, 2 Eßl.
Schnittlauch, feingeschnitten*

Speck- und Zwiebelwürfel andünsten, die Tomatenscheiben dazugeben und 5 Minuten kochen. Fleischbrühe auffüllen, umrühren, würzen, aufkochen und den Grieß einlaufen lassen.
Sachte 10 Minuten kochen, bis der Grieß die Suppe leicht bin-
det. In die leicht kochende Suppe die aufgeschlagenen Eier hineinrühren, einmal aufkochen und abschmecken. Auf die fertige
Suppe den Schnittlauch streuen.

Laugenbrezensupp

4 Personen

*4 Laugenbrezen, altbacken, in Streifen geschnitten,
1 l Fleischbrühe, 2 Eigelb, verrührt mit 4 Eßl. süßer
Sahne, Salz – Muskat, 2 Eßl. Schnittlauch, feingeschnitten*

Über die Laugenbrezelstreifen die entfettete kalte Fleischbrühe
decken und zugedeckt 1 Stunde weichen lassen. Dann alles zusammen sachte kochen, bis die Brezeln aufgelöst sind. Suppe
durch ein grobes Sieb passieren, nochmals aufkochen, evtl. mit
wenig Milch oder Fleischbrühe verdünnen, würzen und mit der
Eiersahne vermischen. Auf die fertige Suppe Schnittlauch
streuen.

Schwäbische Metzelsupp, selber g'macht

4 Personen

*50 g Schweineschmalz, 8 Eßl. Zwiebelstreifen, 2 Le-
berwürstchen, ohne Haut, 2 Blutwürstchen, ohne
Haut, 1 1/2 l Wasser, 4 Scheiben Bauernbrot, klein-
würfelig geschnitten, Salz – weißer Pfeffer – wenig
Majoran*

Im Schmalz die Zwiebelwürfel anbräunen, die Würstchen dazugeben und 5 Minuten lang mit anbraten. Dann das kochende Wasser auffüllen und umrühren. Brot dazugeben, langsam alles 5 Minuten kochen und würzen. Feingeschnittenen Schnittlauch darüberstreuen.

Schwäbische Hirnsupp

4 Personen

20 g Butter, 4 Eßl. Zwiebelwürfel, fein, 300 g Schweine- oder Kalbshirn, gewässert, bis es weiß ist, enthäutet, 1 l Fleischbrühe, Salz – Muskat – weißer Pfeffer, 3 Eßl. Stärkepuder, angerührt in 5 Eßl. kalter Milch, 1/8 l Weißwein, 3 Eigelb, vermischt mit 1/8 l süßer Sahne, 2 Eßl. Schnittlauch, feingeschnitten

In der warmen Butter die Zwiebelwürfel hell andünsten. Hirn dazugeben, zusammen durchdünsten, dann die heiße Fleischbrühe auffüllen. Einmal aufkochen, mit dem angerührten Stärkepuder binden, noch einmal aufkochen und die Suppe vom Herd nehmen. Würzen, Wein dazugießen, umrühren und die Eigelbsahne darunterrühren. Auf die mit Hirnsuppe gefüllten Suppentassen Schnittlauch streuen.

In der Supp sind d'Schnittlen dann gsäit..

Geröstete Brotsupp

4 Personen

200 g Weißbrot oder Wecken, in dünnen Scheiben, 1 l Fleischbrühe, 3 Eßl. Schnittlauch, feingeschnitten

Weißbrotschnitten auf dem Backblech in der heißen Backröhre goldgelb rösten, in warme Schüssel geben und mit kochender Fleischbrühe übergießen. Schnittlauch darüberstreuen.

Schwarzwälder Kartoffelsupp

4–6 Personen

*50 g Schwarzwälder Speckwürfel, 500 g geschälte,
rohe Kartoffeln, kleingewürfelt, 100 g gelbe Rüben-
oder Karottenscheiben, 100 g Zwiebelwürfel, 100 g
Leberwurst, ohne Haut, 1 l Fleischbrühe, ½ l Wasser, Salz – Muskat – weißer Pfeffer, 2 Eßl. gehackte
Petersilie, 8 Eßl. Schwarzbrotwürfel, in Butter goldgelb geröstet (Kracherle)*

Speck auslassen, darin Kartoffeln, Karotten, Zwiebeln und Leberwurst anbraten. Mit Fleischbrühe und Wasser auffüllen,
sachte kochen, bis alles weich und musig ist. In die warmen Suppenteller die angerösteten Schwarzbrotwürfel verteilen, die
Suppe darübergießen und mit Petersilie bestreuen.

Frische Gurkasupp mit Dill-Rahm

4 Personen

*20 g Butter, 4 Eßl. Zwiebelstreifen, 400 g frische
Gurkenwürfel, geschält, Salz – weißer Pfeffer – Dillspitzen, 5 Eßl. Apfelessig, ¾ l Fleischbrühe, 3 Eßl.
Stärkepuder, angerührt in 6 Eßl. kalter Milch, ⅛ l
saure Sahne, 1 Becher Joghurt, 4 Eßl. Weißwein*

In der heißen Butter die Zwiebelwürfel hell andünsten, die Gurkenwürfel dazugeben und 2 Minuten mitdünsten. Würzen, mit
Apfelessig begießen und die Fleischbrühe dazuschütten. Einmal
aufkochen und mit dem angerührten Stärkepuder binden. Einmal aufkochen. Abschmecken und mit saurer Sahne und dem
halben Becher Joghurt mischen. Auf die gefüllten Suppentassen
je einen Klecks Joghurt geben und mit Weißwein bespritzen.
Zur Abwechslung schmecken auch hier angeröstete Weißbrotwürfel.
Die Gurkenwürfel als Einlage sollen innen noch nicht gar sein,
daß man sie beißen muß; um so besser schmeckt die Suppe.

14

Brennte Mehlsupp

4–6 Personen

50 g Butter oder Margarine, 100 g Mehl, 4 Eßl.
kleine Weißbrotwürfel, ohne Rinde, 1 l Wasser, Salz
– Muskat – Suppenwürze

In heißer Butter das Mehl goldgelb anrösten, Weißbrotwürfel dazugeben und kurz mitrösten. Mit Wasser auffüllen und dabei rühren, damit das Mehl nicht knollt. 20 Minuten kochen lassen und dann vorsichtig abschmecken.

Riebele oder Eiergerste (Suppeneinlage)

4 Personen

2 Eier, 1 Eigelb, 150 g Mehl, Salz, 1 l Fleischbrühe

Man mengt unter die Eier das Salz und Mehl, bis es ein fester, strammer, ziemlich trockener Teig wird. Diesen auf einem Reibeisen durchreiben auf ein Papier, die Riebele trocknen lassen (etwa 20 Minuten). Dann die Riebele in der sachte kochenden Fleischbrühe weichkochen, Dauer etwa 5 Minuten. Auf die fertige Suppe feingeschnittenen Schnittlauch streuen.

Flädle

4 Personen

½ l Milch, 200 g Mehl, 4 Eier, Salz – Muskat –
feingeschnittener Schnittlauch, Fett zum Backen

In die Milch das Mehl verrühren. Eier und Gewürz zugeben und alles gut mit dem Schneebesen schlagen. In heißem Fett dünne Pfannkuchen backen und ausgekühlt in feine Streifen schneiden.
Flädle kalt in Suppenteller oder -tassen streuen, heiße Brühe darüberschöpfen und mit gehackter Petersilie bestreuen.

Maultaschenstreifa in Tomatensupp

Heiße Maultaschen in dünne Streifen schneiden, in eine warme Suppenterrine geben und heiße Tomatensuppe darüberschöpfen. Mit feingeschnittenem Schnittlauch bestreuen.

Kraftbrühe mit Maultaschenstreifen als Suppeneinlag

Heiße Maultaschen schneidet man in dünne Streifen, gibt sie in eine warme Suppenterrine und schöpft heiße Fleischbrühe darüber. Mit gehackter Petersilie bestreuen und gebräunte Zwiebeln darauf verteilen.

Spätzle als Suppeneinlag

4 Personen

1 l Fleischbrühe, 100 g Spätzle, etwas kleingehackt,
so löffeln sie sich besser, 2 Eßl. gehackte Petersilie

In der gewürzten Fleischbrühe die Spätzle erhitzen und in Suppenteller oder -tassen füllen. Mit Petersilie bestreuen.

Biberacher Brätknödel

4 Personen

250 g Kalbfleisch, durch die feine Scheibe des Wolfes gedreht, 40 g Butter, 3 Eier, 150 g Mutschelmehl oder Semmelbrösel, Salz – weißer Pfeffer – Muskat – abgeriebene Zitronenschale von unbehandelter Zitrone, gehackte Petersilie, 1 l Wasser, leicht gesalzen, oder Fleischbrühe

Aufgeschlagene Eier mit Butter und Semmelbrösel vermischen und 10 Minuten ruhen lassen. Dann mit Gewürzen, Petersilie und Kalbfleisch durchmischen. Aus dem Teig Klößchen formen, Durchmesser wie 1-Pfennig-Stück, und ins sachte kochende Wasser legen, einmal aufkochen und 5 Minuten zugedeckt ziehen lassen. Wenn sie oben schwimmen, sind sie fertig.

16

Notizen & weitere Rezepte:

fig. 2

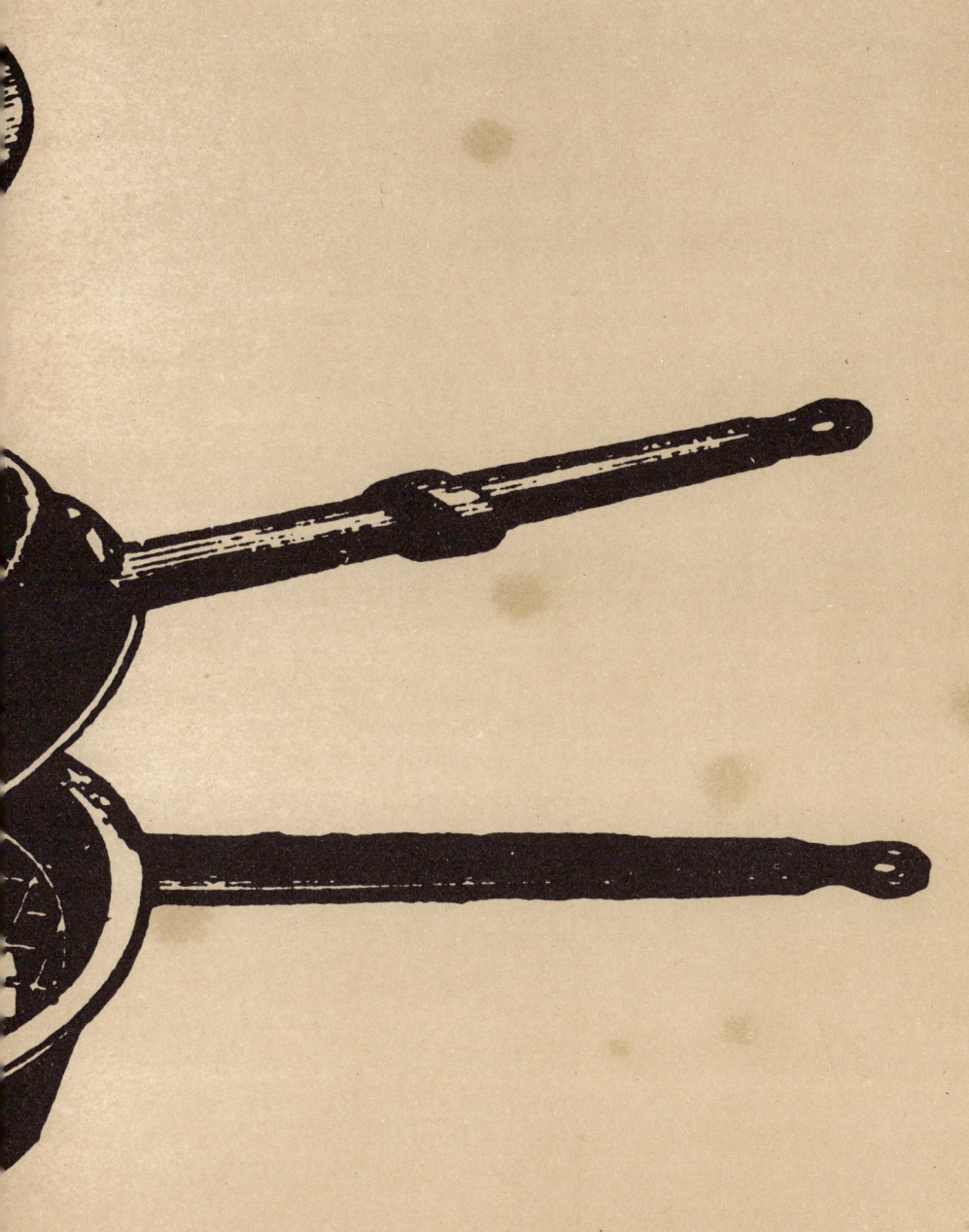

Lumpensupp

4 Personen

200 g Schwartenmagen oder Rote, in Streifen ge-
schnitten, 200 g Emmentaler, in Streifen geschnitten,
Salz – weißer Pfeffer – 1 Prise Zucker, 8 Eßl. Essig,
3 Eßl. Öl, 4 Eßl. Zwiebelringe

Alles miteinander mischen und zugedeckt mindestens 1 Stunde ziehen lassen. Angerichtet die Zwiebelringe darauf verteilen.

Schwäbische Tellersulz

Man kocht Schweins- und Kalbsfüßchen mit Zungen und Schnäuzchen und mit Suppengrün (Karotten, Sellerie, Lauch, Zwiebeln und Lorbeerblatt) langsam weich. Dann zieht man die Zungen ab, schneidet sie mit den anderen Fleischteilen in mundgerechte Stücke, legt sie in Suppenteller, garniert mit harten Eischeiben, Karotten- und sauren Gurkenscheiben und gießt Aspik darüber. Dann stellt man die gefüllten Suppenteller kalt und reicht sie mit geliertem Inhalt mit feingewürfelten Zwiebeln, Essig und Öl und mit knusprigen Bratkartoffeln zur Vesper.

Aspik: Die eingekochte Brühe entfettet man, schmeckt sie ab mit Essig, Salz und etwas Suppenwürze. Dann macht man mit einem Eßlöffel voll auf einer Untertasse die Gelierprobe im Kühlschrank. Wird sie fest genug, kann man die mit Fleisch ausgelegten Suppenteller voll gießen. Geliert es noch zu wenig, dann kocht man die Brühe noch länger ein.

Zu den oben erwähnten Zutaten kann man außerdem auch Scheiben von Schinkenwurst, magerem gekochtem Schinken und andere Fleischreste zur Tellersulz verwenden.

Wengerterveschper

1 Person

20 g Fett, 50 g kleine, magere Schinkenwürfel, ge-
kocht oder roh, oder Fleischwurstwürfel, 3 Eßl.
Zwiebelwürfel, 150 g Kartoffeln, gekocht, kleinge-
hackt, Salz – weißer Pfeffer, 2 Eßl. Petersilie, ge-
hackt, 2 Eier

Liabur oogschmolza, als oogsolzn!

Im heißen Fett die Schinken- und Zwiebelwürfel kurz anbraten.

Kartoffeln dazugeben, würzen und knusprig braten. Petersilie
daruntermischen. Ist das geschehen, in die Kartoffeln mit einem
Eßlöffel 2 Löcher formen, in jedes 1 Butterflocke und 1 aufgeschlagenes Ei. Langsam garen lassen und so die Portion auf
einen warmen Teller schieben.
Beilage: Kopfsalat.

Nette Abwechslung: Man kann auch in die fertig gebratenen
Kartoffeln, die schon auf dem warmen Teller sind, 2 Löcher
formen und dann in jedes jeweils 1 rohes Eigelb füllen.

Der erste Schüß mueß mor bloser, mit em
zwoiter koe moi's foelte wie moi will.

Baurafrühstück

4 Personen

3 Eßl. Fett, 250 g magerer, geräucherter Schweine-
speck, 500 g Kartoffeln, gekocht, 8 Eßl. Zwiebeln,
klein gewürfelt, 8 Eier, aufgeschlagen, 2 Teel.
Schnittlauch, feingeschnitten, Salz – Muskat

Speck erst in Scheiben schneiden und dann in Würfel, so klein es
eben geht.
Kartoffeln waschen, kochen, auf einen Durchschlag schütten
und mit kaltem Wasser abspülen, so lassen sie sich leichter schälen. Die Kartoffeln in dünne Scheiben schneiden und in eine
Schüssel geben. Die einzelnen Scheiben dürfen nicht zusammen-
kleben, sie sollen einzeln bleiben. Die Zwiebeln schälen und in
feine Würfel schneiden. Eier in einen Topf mit Schnauze auf-
schlagen, Salz, Muskat und den feingeschnittenen Schnittlauch
hinzufügen. Mit einem kleinen Schneebesen die Eier so lange
schlagen, bis Eigelb und Eiweiß gut vermischt sind.
In einer großen, flachen Stielpfanne das Fett heiß machen. Die
Kartoffeln hineinschütten und mit einer Gabel breit über die
ganze Fläche verteilen. Etwas salzen und 3 Minuten braten lassen. Jetzt die Speckwürfel darüber verteilen, zudecken und nach
5 Minuten die Zwiebelwürfel zufügen und alles umrühren.
5 Minuten braten lassen und vorsichtig umrühren.
Nun in etwas heißem Fett in einer anderen Pfanne die aufgeschlagenen Eier zu einem lockeren Pfannkuchen zubereiten.

21

Etwas am Pfannenstiel rütteln, damit die Eier locker und beweglich bleiben und nicht anhängen. Jetzt die duftenden Kartoffeln in die Mitte der Eier häufeln, den Pfannkuchen rechts und links darüberschlagen und so auf eine warme Platte schieben, daß oben eine glatte, gelbe Eierdecke zu sehen ist. Mit Salatblättern und Tomatenecken schmücken.
Getränk: frisches Bier.

Katzagschroi
4 Personen

20 g Butter, 4 Eßl. Zwiebelringe, 500 g gekochtes, kaltes Rindfleisch (Suppenfleisch), in Streifen geschnitten, Salz – schwarzer Pfeffer, 4 Eier, aufgeschlagen.

In Butter die Zwiebeln mit den Rindfleischstreifen anbraten, würzen und die Eier darübergießen. Ziemlich trocken braten und auf warmer Platte anrichten.
Beilage: grüner Salat – Kartoffelsalat – Preißelbeeren.

Vesperplättle
4 Personen

600 g Schwartenmagen, rosa (von gepökeltem Fleisch), in dünnen Scheiben, ohne Haut, in fingerbreiten Streifen, 100 g Zwiebelscheiben, 100 g Scheiben saure Gurke, Salz – weißer Pfeffer – 1 Prise Zucker, 6 Eßl. Kräuteressig, 8 Eßl. Öl, Salatblätter – Tomatenscheiben, 1 Eßl. gehackte Petersilie, Brotkorb mit Brötchen und verschiedenen Brotsorten, 70 g Butter

Wurststreifen in einer Schüssel mischen mit den Zwiebel- und Gurkenscheiben, würzen und Essig und Öl dazugeben. Auf eine runde Platte Salatblätter verteilen, das Wurstgemisch hügelig anrichten, mit Tomatenscheiben umlegen und mit Petersilie bestreuen.

Lutherisches Voressa

Flädle, in Streifen geschnitten, wie Kutteln, und mit brauner, etwas süßsauer abgeschmeckter Sauce übergossen.

Wildsalat

4 Personen

250 g Wildfleisch, gekocht oder gebraten, 150 g Senfgurken, 200 g Essigpflaumen, Salz – Ingwerpulver.
Mayonnaise: 1 Eigelb, 1–2 Teel. Senf, Salz – 1 Teel. Zucker, 1 Eßl. Essig oder Zitronensaft, ⅛ l Salatöl

Das kalte Fleisch, die Gurken und die entsteinten Pflaumen in Streifen schneiden, mit Salz und Ingwerpulver bestreuen. Für die Mayonnaise Eigelb, Senf, Salz, Zucker und Essig oder Zitronensaft in eine Rührschüssel geben und mit dem Schneebesen so lange schlagen, bis eine dicke Masse entstanden ist. Das Öl darunterschlagen; es ist nicht notwendig, das Öl tropfenweise zuzugeben, es wird in Mengen von 1–2 Eßlöffeln zugegeben. Die an das Eigelb gegebenen Gewürze verhindern eine Gerinnung.
Die geschnittenen Zutaten mit der Mayonnaise binden und mit Tomatenecken und Petersiliensträußchen schmücken.
Beilage: Toast und Butter.

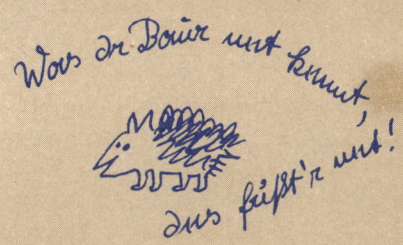

23

Bauraseufzer (Peitschastecka)

Sie gehören zu den geräucherten Bratwürsten und man ißt sie kalt und warm. Man legt sie in heißes Wasser und läßt sie 10 Minuten ziehen.

Der Name kommt wohl daher, weil sie so lang sind wie die herzzerreißenden Seufzer der Bauern über das schlechte Wetter.

Landjäger

Hansi macht a Portion für an kronkn Moi!

Das sind die geräucherten, getrockneten Schweinswürstchen, auch »Peitschenstecken« und in Uhlbach, dem Weinort in der Nähe von Stuttgart, auch »Uhlbacher« genannt. Man ißt sie meistens kalt; der Bauer nimmt sie mit aufs Feld und der Winzer in den Weinberg (Wingert).

Schützenwürscht

Es sind dicke Brühwürste, ähnlich wie Knackwürste, und man ist sie heiß mit Senf.

Sie heißen so nach dem berühmten deutschen Schützenfest im Jahre 1875 in Stuttgart.

Saitenwürscht

Sie sind ähnlich wie die Wienerle, und man ißt sie heiß am liebsten.

Rote Würscht

Das sind dicke Brühwürste, ähnlich wie die Knackwürstchen. Man ißt sie am liebsten heiß.

Garnierte rote Würscht

4 Personen

4 Paar Rote, 8 Scheiben magerer Speck, 8 Tomaten

Die roten Würstchen mit den Speckscheiben umwickeln und diese mit Holzstäbchen feststecken. Auf die Würstchen je 2 ausgehöhlte Tomatenhälften, in die ein Loch hineingeschnitten wurde, so stecken, daß die Würstchen den Boden des Backblechs nicht berühren. So werden sie auf dem Backblech in der Backröhre erhitzt.
Beilage: Apfelweinkraut und Kartoffelbrei.

Wurschtsalat
4 Personen

100 g Jagdwurst, ohne Haut, 1 Apfel, ungeschält, geraspelt, Senf – Salz, 1 Eßl. feine Zwiebelwürfel, 2 Eßl. Mayonnaise

Die Wurst in feine Streifen schneiden, mit den Apfelraspeln mischen, würzen und mit der Mayonnaise binden. Auf Salatblättern anrichten und mit Eischeiben schmücken.

Salat von schwarzer Wurscht
4 Personen

600 g harte schwarze Wurst, mit der Haut, in dünne Scheiben geschnitten, Salz – weißer Pfeffer – 1 Prise Zucker, 6 Eßl. Zwiebelwürfel, 5 Eßl. Apfelessig, 4 Eßl. Wasser, 5 Eßl. Öl

Alle Zutaten mischen und den Salat in einer Schüssel, ausgelegt mit Kopfsalat, anrichten.

Schinkenwurschtsalat
4 Personen

400 g Schinkenwurst, ohne Haut, dünn in Scheiben geschnitten, 6 Eßl. dünne Zwiebelringe, 2 Eßl. Senfkörner, Essig – Öl, 300 g Tomatenscheiben, dünn geschnitten, Salz – weißer Pfeffer

Alle Zutaten mit den Gewürzen mischen. Auf Mittelteller anrichten und frisch geschnittenen Schnittlauch darüber streuen.

Wurschtknöpfle

4 Personen

1/2 l Milch, gewürzt mit Salz – Muskat – Thymian, 120 g Grieß, 50 g Salami ohne Haut, feingewürfelt und in wenig Fett 3 Minuten gedünstet, 4 Eßl. feine Zwiebelwürfel, 2 Eßl. gehackte Petersilie, 30 g Butter oder Margarine, 3 Eier.
Zum Überbacken: 1/4 l Milch, gewürzt mit Salz – Muskat, 2 Eßl. Butter oder Margarine, 50 g geriebener Käse

In die kochende Milch den Grieß einlaufen lassen und umrühren. Etwa 5 Minuten sachte kochen, bis der Grieß steif wird. Topf vom Feuer nehmen, 10 Minuten auskühlen lassen. Die angedünsteten Zutaten hineinrühren. Eier und Butter dazurühren, alles glattrühren. Aus dieser Masse mit einem Suppenlöffel, der immer wieder in kaltes Wasser getaucht wird, kleine ovale Klöße formen.
Die Milch in eine flache, breite, feuerfeste Glasschale gießen, würzen und die Butter dazugeben. In diese Milch die Klößchen dicht nebeneinander legen und mit dem geriebenen Käse bestreuen. Im mittelheißen Ofen goldgelb überbacken.
Beilage: Feldsalat.

Host Durst? No schlüpfst en a Wurst.
Host Hunger? No schlüpfst en a Gugommer.

Notizen & weitere Rezepte:

fig. 3

Spätzle – Mault

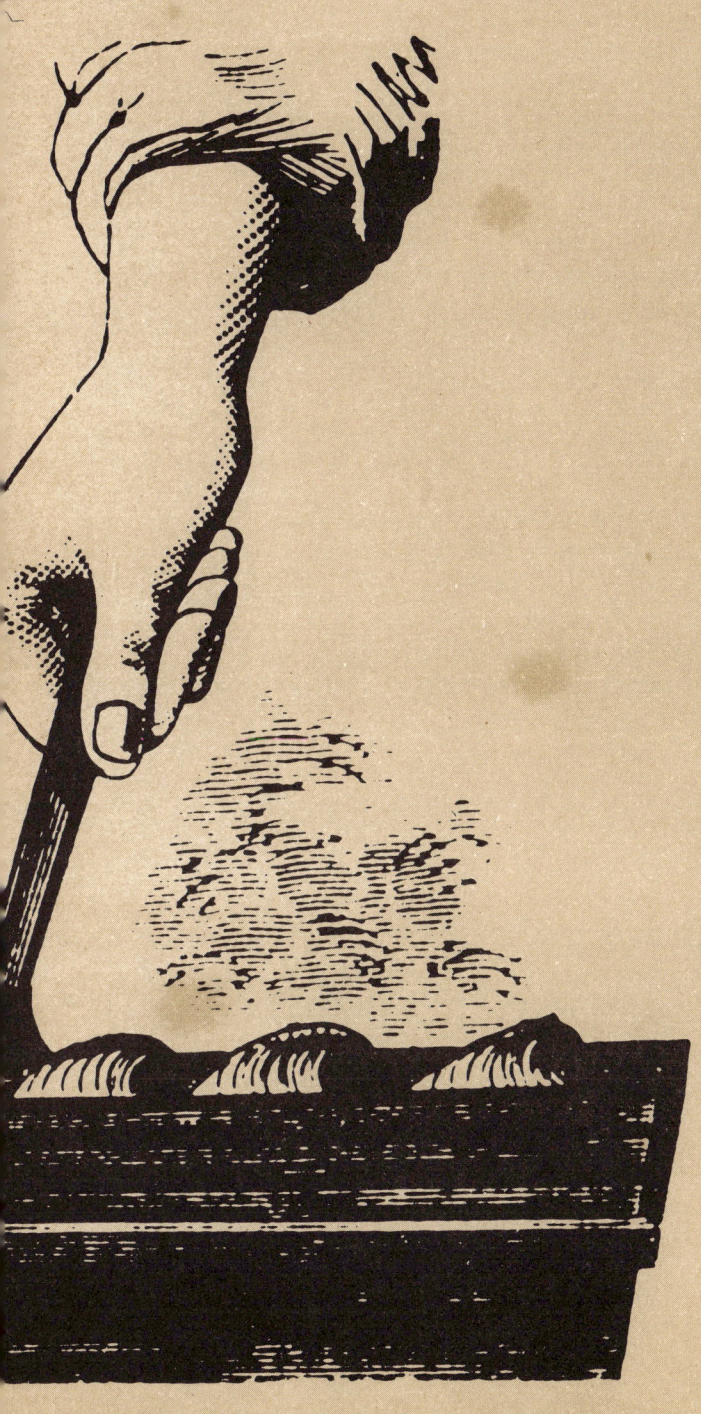

Spätzle schärre

Spätzle schabe, Spätzle schärre –
d'Baure möget's ond au d'Herre.
Eier, Wasser, Salz ond Mehl
machet d'Spätzle guet und geel;
gröstet ond au en dr Brüeh,
liebe Leut, so mag ma's hier!
Spätzle schabe, Spätzle schärre
(koine groaße wüaschte Flärre!)
mueß ma könne bei de Schwobe;
dazue hent mir geschickte Dobe.
Wenn a Mädle des net ka',
krie'gt so a koin rechta Ma.
Spätzle schärre, Spätzle schabe,
dozue ghöret bsondre Gabe.
Dicke, dünne, grobe, feine,
lange, kurze, groaße, kleine
mueß ma richtig schabe könne.
Bloß so ka' ma d'Mannsleut gwenne!
Spätzle schärre, Spätzle schabe –
o, wie ka' mr sich dra labe!
Wie' die' rutschet über d'Zong!
Wie' die' schmecket alt ond jong!
Ond dr Ma' sait: »O, lie'bs Schätzle,
i mag Di ond Deine Spätzle!«

Karl Hölzer

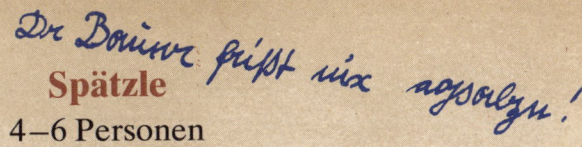

Spätzle

4—6 Personen

500 g bestes Weizenmehl, 4—5 Eier (kommt auf die Größe an), 1 Teel. Salz

In einer Schüssel das Mehl mit dem Salz und den Eiern tüchtig schlagen, bis der Teig Blasen schlägt. Sollte er zu fest sein, kann man 1 oder 2 Eßl. kaltes Wasser dazugeben. Den Teig gibt man etwa 100-g-weise auf ein nasses Spatzenbrett, streicht ihn dünn zum Brettrand hin und schneidet mit einem Tischmesser halbzentimeterdünne Streifen ab, die sofort ins kochende Wasser fallen. Hat man eine Partie, also den Teig vom Brett, als Spätzle im kochenden Wasser, läßt man sie sachte aufkochen, bis sie oben schwimmen. Das Messer soll während des Schneidens oder Schabens ins Wasser getaucht werden. Dann fischt man die Spätzle mit einer Schaumkelle heraus und legt sie sofort in kaltes Wasser. Wenn alle Spätzle fertig sind, schüttet man sie auf einen Durchschlag, spült sie, wie Nudeln, nochmals kalt ab und schwenkt sie kurz in heißer Butter warm. Vielleicht muß man sie noch etwas nachsalzen.

Spätzle, gschmälzt

4 Personen

50 g Butter, 4 Eßl. Semmelbrösel

Die Butter erhitzen, nicht bräunen, und die Semmelbrösel darin leicht anrösten, dann über die abgetropften, im heißen Wasser erhitzten Spätzle verteilen.

Saure Spätzle

4 Personen

20 g Butter oder Schmalz, 4 Eßl. Zwiebelwürfel, 3 Eßl. Mehl, 3 Eßl. Apfelessig, ¹/₄ l Fleischbrühe, 4 Eßl. saurer Rahm

In heißer Butter vorsichtig die Zwiebelwürfel und das Mehl leicht anrösten. Mit Apfelessig ablöschen, mit Schneebesen glattrühren und die heiße Fleischbrühe dazugießen. Sachte 5 Minuten kochen lassen. Nochmals abschmecken und den sauren Rahm dazurühren. Die Spätzle in die Sauce geben, umrühren, noch einmal aufkochen und das Gericht in eine warme Schüssel füllen. Gehackte Petersilie darüberstreuen.

Do wird das unt schlecht dwso.

Leberspätzle

4 Personen

250 g Mehl, 250 g Rindsleber, durch die feine Scheibe des Wolfes gedreht (gibt es auch beim Metzger durchgedreht zu kaufen), 2 Eier, Salz – 1 Spur Majoran, 3 Eßl. gehackte Petersilie

Mehl, Leber und Eier würzen und zu einem Teig mischen, der genauso tüchtig zu schlagen ist, bis er Blasen schlägt, wie der uns schon bekannte Spätzlesteig. Teig zugedeckt 1 Stunde ruhen lassen. Dann Spätzle zubereiten, wie sie im Spätzlesrezept beschrieben sind. Über die fertigen Leberspätzle geröstete Semmelbrösel verteilen.
Beilage: grüne Salate.

Spätzle, g'röstet mit Ei

4 Personen

50 g Butter, 500 g kalte Spätzle, Salz, 8 Eier, aufgeschlagen, gesalzen (manche mögen auch etwas Muskat)

In einer größeren Pfanne die Butter erhitzen, die Spätzle hineingeben, leicht salzen und sachte goldbraun anbraten. Bitte nicht von der Pfanne gehen, denn die Spätzle bräunen rasch durch ihren hohen Eiergehalt. Dann die aufgeschlagenen Eier darüber verteilen und langsam zusammenstocken lassen. Fertiges Gericht auf warmer Platte anrichten und Schnittlauch darüberstreuen.
Beilage: Kopfsalat oder andere erfrischende Salate.

Schinkaspätzle im Eierkittele

4 Personen

500 g Schinkenspätzle, heiß, 8 Eier, aufgeschlagen, gewürzt mit Salz und Muskat und vermischt mit 4 Eßl. feingeschnittenem Schnittlauch, 50 g Butter

In der Eierpfanne mit etwas zerlassener Butter jeweils 4 dünne Eiermäntelchen zubereiten, wie zu Rührei, nur müssen die Eier wie zum Eierkuchen ganz bleiben. In die Mitte jeweils den 4. Teil der Schinkenspätzle legen und die beiden Seiten vom Ei darüberschlagen. Die Pfanne mit der rechten Hand an einen warmen flachen Teller halten und die Schinkenspätzle so darauf kippen, daß die geschlossene Seite nach oben zeigt. Mit Salatblatt und Tomatenecken schmücken.

Geflügelleber mit Spätzle

4 Personen

20 g magere, feine Speckwürfel, 4 Eßl. Zwiebelwürfel, 400 g Geflügelleber, klein geschnitten, Salz – weißer Pfeffer, 3 Eßl. Madeira, 500 g Spätzle, im kochenden Wasser erhitzt

Speck- und Zwiebelwürfel hell anbraten, würzen und mit Madeira ablöschen. Umrühren und zugedeckt sachte 3 Minuten kochen lassen, bis die Leber gar ist. Die heißen Spätzle unter die Leber mischen oder umgekehrt und auf warmer Platte anrichten. Mit gehackter Petersilie bestreuen.

Käs-Spätzle

4 Personen

100 g Butter, 500 g Spätzle, Salz, 100 g Allgäuer Schweizer Käse (es kann auch Appenzeller, Gouda oder ein anderer Holländer Käse sein), 8 Eßl. Zwiebelwürfel, in Butter goldgelb angeröstet

In eine mit zerlassener Butter ausgepinselte warme feuerfeste

Form lagenweise die aus dem heißen Wasser kommenden, abgetropften Spätzle mit dem geriebenen Käse füllen und abschließend die gerösteten Zwiebeln darüber zischen. Auf dem Tisch mischt man dann alles mit zwei Eßlöffeln durch, bis der Käse Fäden zieht.
Beilage: Kopf- und Tomatensalat.

Wenn Dir das net schmeckt, no stichst der en Stecka drzua.

Krautspätzle

4 Personen

50 g Schweineschmalz, 8 Eßl. Zwiebelwürfel, 500 g Sauerkraut, 500 g Spätzle

Im heißen Fett die Zwiebeln anbraten, das locker gezupfte Kraut dazustreuen und erhitzen. Würzen mit etwas Salz und einer Prise Zucker. Inzwischen die Spätzle in einer Pfanne vorsichtig goldbraun rösten und dann unters Kraut mischen. Kräftiger Geschmack, weil das Sauerkraut noch nicht durchgekocht ist.
Man kann aber auch fertiges, gekochtes Sauerkraut, allerdings trocken gehalten, unter die kroß angebratenen Spätzle mischen.

Spinatspätzle

Unter den Spätzlesteig 250 g rohen Spinat, kalt gewaschen, ausgedrückt und durch die feine Scheibe des Wolfes gedreht, mischen und weiter behandeln wie Spätzle.

Spätzle mit Tomatascheiba

4 Personen

60 g Butter, 4 Eßl. Zwiebelwürfel, 400 g Tomaten, abgezogen, Salz – weißer Pfeffer – Muskat, 3 Eßl. Schnittlauch, feingeschnitten, 500 g Spätzle, in Butter heiß geschwenkt

Die Tomaten kurz in kochendes Wasser geben, herausnehmen,

34

in kaltem Wasser abschrecken, dann läßt sich die Haut leichter
abziehen. Blütenansatz heraus- und die Tomaten in Scheiben
schneiden.

In heißer Butter die Zwiebelwürfel andünsten, die Tomaten dazugeben, würzen und mit Schnittlauch heiß schwenken. Spätzle
dazugeben, einmal aufstoßen lassen und auf warmer Platte anrichten.

Do wird dr's Maul net kromm dervo!

Kraut- und Spätzle-Pfanne

4 Personen

*100 g magere Speckwürfel, 8 Eßl. Zwiebelwürfel,
4 Äpfel, geschält, entkernt, in Scheiben, 300 g gekochtes Sauerkraut, 1/8 l Weißwein aus dem Rems-
tal, 400 g Spätzle, 100 g geriebener Käse*

Speckwürfel zusammen mit den Zwiebelwürfeln anbraten. Äpfel
dazugeben, einmal aufkochen und das heiße, trocken gehaltene
Sauerkraut dazumischen. Weißwein darunterrühren und die
Spätzle zufügen. Alles mischen und in eine gebutterte feuerfeste
Form füllen. Mit geriebenem Käse bestreuen und in der Back-
röhre bei 250° goldgelb überbacken.

Spätzle mit frischen Steinpilzen

4 Personen

*50 g Butter, 6 Eßl. Zwiebelwürfel, 500 g frische
Steinpilze, geputzt, in kleinen Stücken, Salz – weißer
Pfeffer, 500 g Spätzle*

In heißer Butter die Zwiebelwürfel andünsten, würzen und zugedeckt 5 Minuten dünsten. Spätzle dazugeben, unrühren und
zusammen einmal aufkochen. In warmer Schüssel anrichten und
mit gehackter Petersilie bestreuen.

Abwechslung: Anstelle der Steinpilze kann man auch Pfifferlinge oder Champignons nehmen.

Spätzle mit Paprikastreifen

4 Personen

50 g Butter, 150 g frische Paprikaschotenstreifen, 150 g grüne, frische Paprikaschotenstreifen, Salz, 500 g Spätzle

In der heißen Butter die Paprikaschotenstreifen mit wenig Salz 5 Minuten lang andünsten. Dann die Spätzle daruntergeben, zusammen erhitzen.

Maultasche

Hackfloisch, Zwiebel, Peitschestecke,
Wassergwoichte Doppelwecke,
Peterleng, Spinat ond Brät,
Älles durch de Floischwolf dreht,
Oier drüber, Salz ond Pfeffer,
Geit a Toigle, geit en Treffer,
Grad für d'Nudelböde g'richt;
Ond schao kriagt dui Sach e Gsicht!
Drufgschmiart, zuadeckt, toilt ond gschnitte,
Net lang gfacklet maih ond 'ditte,
Nei en d'Brüah ond ufkocht gschwend! —
Selber schuld, wer's Maul verbrennt!

Heinz Eugen Schramm

Maultaschen

Teig: 500 g Mehl, 4 Eier, etwas Salz.
Füllung: 4 Zwiebeln, 50 g magerer Speck, 250 g Schweinefleisch, alles gehackt, 250 g fertiger Spinat, 50 g rohe Blätter daruntergehackt, 100 g Petersilie, gehackt, 1 Paar geräucherte Bratwürste, durchgedreht, Salz – Muskat

Zum Teig das gesiebte Mehl zu einem Kranz auf dem Backbrett formen, Eier und Salz in die Mitte geben und daraus in ca. 12 Minuten einen glatten, festen Teig kneten. Diesen in 6 Teile schneiden und jeden Teil für sich hauchdünn ausrollen (oder ausziehen), wie zu Strudel.

Zur Füllung Zwiebeln und Speck andünsten und mit allen Zutaten sorgfältig vermischen samt dem gekochten und rohen Spinat. Diese Masse gleichmäßig und dünn auf die Teigblätter verteilen, zusammenrollen und die Ränder zusammendrücken. Mit der Hand schräg 6 cm lange Stücke drücken und so auseinanderschneiden, daß sich die Teilenden beim Kochen nicht öffnen. Die Maultaschen in kochende Brühe legen, die mit Suppenwürze und Muskat abgeschmeckt wird. Auf kleiner Flamme ziehen lassen, bis die Maultaschen obenauf schwimmen. In der Brühe mit viel gebräunten Zwiebeln auftragen.

Beilage: saftiger Kartoffelsalat.

Maultaschen mit Butterbröseln

40 g Butter, 4 Eßl. Semmelbrösel oder Mutschelmehl

In der zerlassenen Butter die Semmelbrösel goldgelb rösten und über die abgetropften Maultaschen, angerichtet auf warmer Platte, verteilen.

Zwiebeln nicht zerquetschen!

Maultaschen mit Zwiebelbutter

50 g Butter, 8 Eßl. Zwiebelwürfel

In der heißen Butter die Zwiebelwürfel goldgelb anrösten und über die heißen Maultaschen, auf warmer Platte angerichtet, verteilen. Feingeschnittenen Schnittlauch darüberstreuen.

Gröschte Maultaschen mit Ei

4 Personen

50 g Butter, 12 Maultaschen, abgetropft, kalt, in fingerbreiten Streifen, 8 Eier, aufgeschlagen, gewürzt mit Salz

In heißer Butter die Maultaschenstreifen anrösten. Wenn sie ringsherum knusprig sind, die aufgeschlagenen, gewürzten Eier darübergießen. Langsam rühren, bis sie geronnen sind. Auf warmer Platte anrichten und gehackte Petersilie darüberstreuen.

Maultaschen in Tomatensauce
4 Personen

50 g magerer Speck, gewürfelt, 5 Eßl. Zwiebelwürfel, 4 Eßl. Tomatenmark, ½ l Fleischbrühe, 3 Eßl. Stärkepuder, angerührt in 6 Eßl. kalter Milch, Salz – 1 Messerspitze Oregano

Speck- und Zwiebelwürfel anrösten, das Tomatenmark hineinrühren, einmal aufkochen. Fleischbrühe auffüllen, aufkochen. Mit angerührtem Stärkepuder binden und einmal aufkochen. Würzen. Die fertigen, abgetropften Maultaschen auf feuerfester Schale anrichten und Tomatensauce darüberdecken. Mit gehackter Petersilie bestreuen.

Maultaschen in Tomatensauce, überbacken
4 Personen

100 g geriebener Allgäuer Schweizer Käse

Über das vorherige Gericht den geriebenen Käse streuen und in der heißen Backröhre bei 250° goldgelb überkrusten.

Gschmelzte Maultaschenstreifen als Beilage

Die in Butter angerösteten Maultaschenstreifen kann man auch als Beilage, wie Nudeln, zu Rindsbraten oder zu Gulasch als Beilage geben.
Eine üppige, aber köstliche Begleitung.

Buabaspitzle

4 Personen

2 Pfd. Kartoffeln, tags zuvor gekocht, aber vor dem Gebrauch erst geschält und durch die Kartoffelpresse wie zum Kartoffelbrei gedrückt, 125 g Mehl, Salz, 100 g Schmalz

Man wirkt aus den durchgedrückten Kartoffeln mit dem Mehl und etwas Salz einen glatten Teig, teilt ihn in 30 cm lange Walzen, Durchmesser 5 cm, und schneidet mit gemehltem Messer (Messer in Mehl tauchen) 3 cm breite Scheiben ab. Diese Scheiben wälzt man mit Mehl auf dem Brett zu kurzen Zigarren, die wie ein Zeppelin an beiden Seiten spitz auslaufen. Man legt sie in eine warme Pfanne mit heißem Schmalz und bräunt sie in der Ofenröhre bei 250°. Man kann Schweinegrieben darüber verteilen.
Beilage: Sauerkraut oder Kopfsalat, saure Zunge oder saures Herz.

Hohenloher Bounzelich

4 Personen

Broten Irzun

600 g Kartoffeln, gekocht, kalt, geschält, gerieben oder durch die Kartoffelpresse gedrückt (durch den Spätzlesschwab geht es auch), 2 Eier, 4 Eßl. Mehl, Salz – Muskat – weißer Pfeffer, 4 Eßl. Milch, Schmalz zum Backen

In einer Schüssel die durchgedrückten Kartoffeln mit Gewürzen, Eiern, Mehl und Milch zu einem festen Teig verkneten und kleine Kugeln daraus formen, dabei die Hände bemehlen. Die Kugeln, im Durchmesser eines 50-Pfennig-Stückes, im heißen Schmalz goldgelb backen.
Als Beilage zu Braten, aber auch für eine fleischlose Gemüse- oder Salatplatte.

Sigmaringer gfüllte Fleischflädle

4 Personen

*12 Flädle backen, 200 g Kalbsbratwurstbrät, 20 g
Butter, 4 Eßl. Zwiebelwürfel, 1 Eßl. Petersilie, gehackt, 2 Eier, 3 Eßl. süßer Rahm, 1 Prise Salz –
1 Prise weißer Pfeffer*

In heißer Butter Zwiebelwürfel mit Petersilie andünsten, mit
Rahm, Gewürzen und Eiern unter das Bratwurstbrät mischen
und in die fertigen Flädle streichen. Die Ränder sollen fingerdick frei bleiben; sie bestreicht man mit aufgeschlagenem Ei und
drückt sie zusammen. Die bestrichenen Flädle zusammenrollen,
etwas flach drücken und 4 cm lange verschobene Vierecke mit
einem Kochlöffelstiel abdrücken, dann mit einem Teigrädchen
durchschneiden. Gefüllte Flädle 20 Minuten ruhen lassen.
Inzwischen Fleischbrühe oder Salzwasser kochen und die Flädle
hineinlegen. Wenn sie oben schwimmen, Topf vom Feuer nehmen und zugedeckt 15 Minuten ziehen lassen. Fertige Flädle
mit gerösteten Zwiebelwürfeln oder mit in Butter gerösteten
Semmelbröseln abschmälzen.
Beilage: saftiger lauwarmer Kartoffelsalat.

Gfüllte Flädle, 2. Art

Die gefüllten, unzerschnittenen Flädle in Fleischbrühe oder
leicht gesalzenem kochendem Wasser sachte 5 Minuten kochen,
dann noch 15 Minuten ziehen lassen. Abschmälzen und ge-
mischten Salat dazugeben.

Gfüllte Flädle, 3. Art

Die gefüllten, ausgeruhten Flädle in gebutterte, flache, feuerfeste Form nebeneinander legen, mit Tomaten- oder weißer
Sauce bedecken, mit geriebenem Käse und Semmelbröseln bestreuen, mit Butterflocken belegen und bei 220° ca. 15 Minuten
im heißen Backofen goldbraun überbacken.
Beilage: grüner Salat mit Tomateneckensalat.

Nudelkroquetten

4 Personen

40 g Butter, 8 Eßl. Zwiebelwürfel, 200 g frische Champignonstreifen, 100 g Bratwurstfülle, 200 g gekochten, mageren Schinken, fein gewiegt, 200 g gekochten Spinat, fein gewiegt, trocken ausgedrückt, Salz – Muskat – weißer Pfeffer, 4 Eßl. Mehl, 1/8 l süßer Rahm, 500 g gekochte breite Nudeln, am besten selbstgemachte, 50 g geriebener Parmesankäse, 4 Eigelb, glatt gerührt, 4 Eßl. Petersilie, gehackt, aufgeschlagenes Ei – Mehl – Weckmehl

In heißer Butter die Zwiebeln andünsten, Champignons dazugeben, mit etwas Salz kurz andünsten. Bratwurstfülle, Schinken, Spinat und Gewürze dazugeben und alles 10 Minuten durchdämpfen. Mehl daraufstreuen, umrühren und mit Rahm übergießen. Einmal aufkochen, dann die Nudeln dazumischen, nochmal aufkochen und Topf vom Herd nehmen. Parmesankäse darunterrühren und zum Schluß die Eigelb. Alles sorgfältig verteilt leert man die Masse auf eine gebutterte, flache Porzellanplatte, streicht die Masse 3 cm hoch glatt und bedeckt sie mit gebuttertem Pergamentpapier, um Hautziehen zu vermeiden. Kalt schneidet man die Masse in Streifen von 2 cm Breite und 5 cm Länge, rollt sie auf Weckmehl auf dem Nudelbrett rund, dreht sie in Mehl, dann in aufgeschlagenem Ei und in Weckmehl, so daß jede Kroquette ringsherum eingeschlossen ist. Nun backt man sie goldgelb in heißem Schweineschmalz, am besten schwimmend.

Notizen & weitere Rezepte:

Notizen & weitere Rezepte:

fig. 4

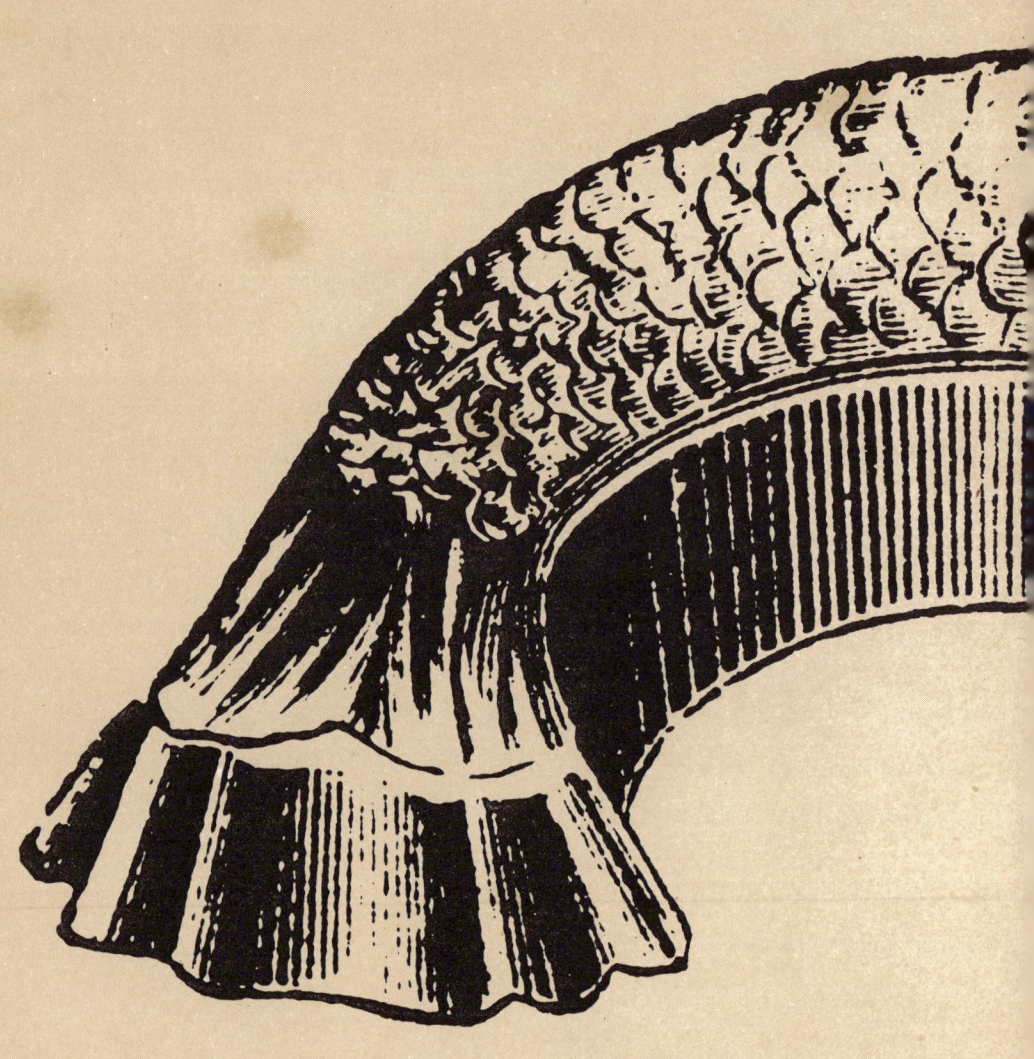

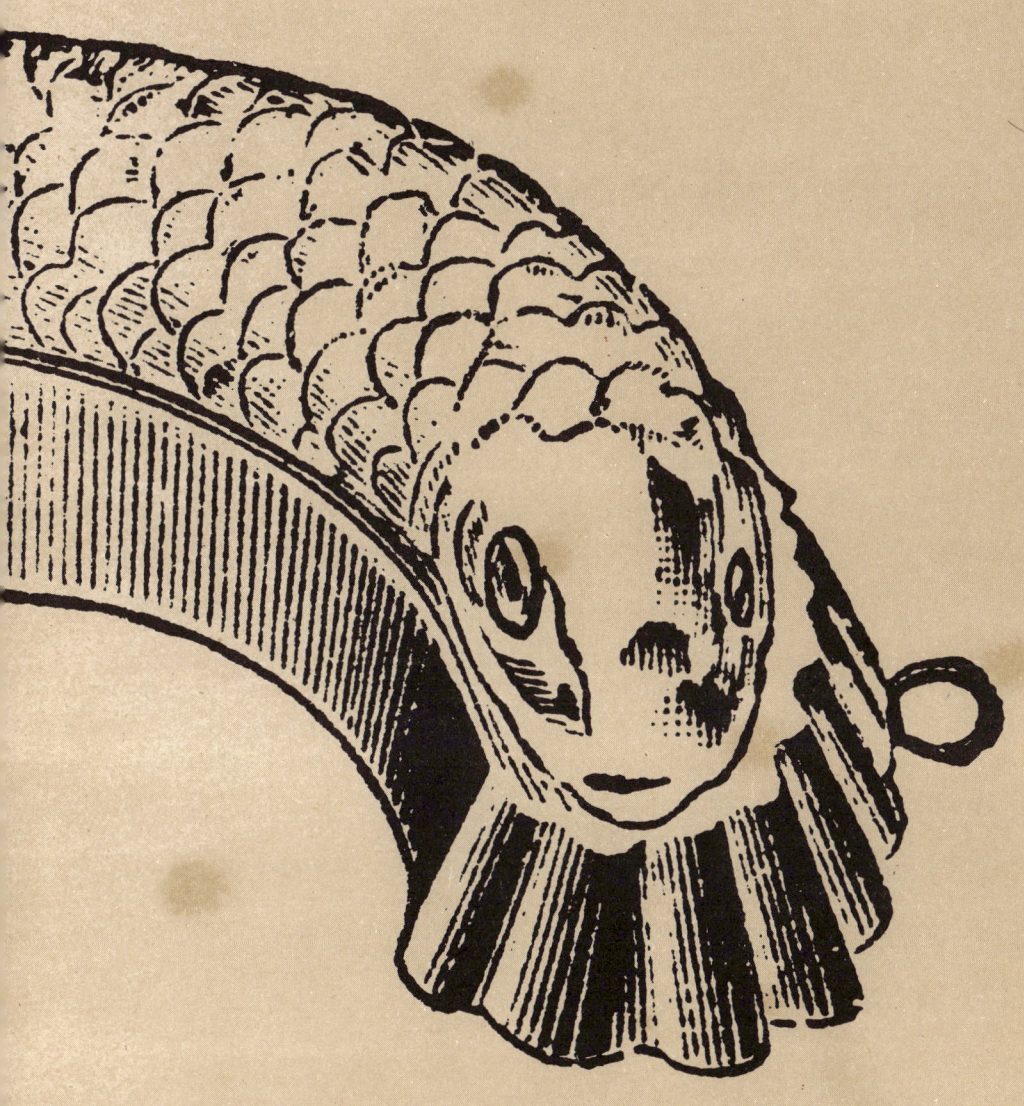

Aal blau im Wurzelsud

4 Personen

8 Stücke Aal à 200 g, küchenfertig.
Sud: ¹/₂ l Sylvaner, ¹/₂ l Wasser, 5 Eßl. Weinessig,
Salz – 1 Lorbeerblatt – 3 Nelken – 5 Pfefferkörner,
4 Eßl. Zwiebelscheiben, 4 Eßl. Karottenscheiben,
4 Eßl. Sellerieknollenscheiben, 4 Eßl. Lauchstreifen

Wein, Wasser, Essig und alle Gewürze mit Gemüse 10 Minuten sachte kochen. Dann erst Aalstücke hineinlegen, einmal aufkochen, 5 Minuten sachte kochen, dann zugedeckt nur noch 15 Minuten ziehen lassen. Das Fleisch muß weich sein, darf aber nicht zerfallen.
Beilage: Salzkartoffeln und Gurkensalat in Dillsahne.

Schwarzwaldforelle, blau

4 Personen

4 größere oder 8 kleinere Forellen. 125 g Butter.
Sud: Auf 1 l Wasser ¹/₈ l Sylvaner (Weißwein), ¹/₈ l
Essig, 3 Teel. Salz

Die Forellen nicht schuppen und nicht von außen salzen, da dann der Schleim, der die Blaufärbung bewirkt, verletzt würde. Die Forellen mit einem scharfen Küchenmesser an der Bauchseite aufschlitzen, ausnehmen und unter fließendem Wasser gründlich waschen, dabei mit dem Daumennagel den schwarzen Streifen am Rückgrat herausschälen. Die Forellen innen salzen und nach Belieben rund binden (einen starken Faden mit einer Nadel durch Kopf und Schwanz ziehen und die Enden verknoten).
Die Kochwassermenge richtet sich nach der Größe des Topfes, auf jeden Fall müssen die Forellen bedeckt sein. Wasser, Wein, Essig und Salz bei starker Hitze zum Kochen bringen, die Forellen mit dem Kopf zuerst hineingeben, den Sud zum Kochen bringen und dann den Topf von der Kochstelle nehmen. Die Fische etwa 20 Minuten ziehen lassen; wenn sie gar sind, lassen sich die Flossen an den Kiemen leicht herausziehen.

Die Butter leicht erwärmen, mit einem Schneebesen schaumig schlagen und in ein Schälchen füllen.

Die Forellen auf einer angewärmten Platte anrichten und mit Zitronenstückchen und Petersilie schmücken.

Bodenseefelchen »Müllerin«

4 Personen

30 g Fett, 50 g Butter, 4 Blaufelchen à 250 g, bratfertig, beiderseitig quer bis auf die Mittelgräte zweimal eingeschnitten, Salz – weißer Pfeffer – Zitronensaft – Worcestershiresauce, Mehl zum Bestäuben

Die bratfertigen Felchen innen und außen würzen, in Mehl drehen und sachte beiderseitig goldgelb braten, je Seite ca. 6 Minuten. Dann Fett durch ein Sieb abgießen und die Butter dazugeben. Langsam die Felchen im Butterschaum drehen. Die fertigen Fische auf warmer Platte anrichten, mit Zitronensaft beträufeln, mit Worcestershiresauce würzen und die schäumende Butter darüberzischen.

Beilage: Kartoffelsalat mit Kopf- und Tomatensalat oder Butterkartöffelchen, mit gehackter Petersilie bestreut.

Trüschenleber

Do bleibt dr's Maul sauber.

4 Personen

600 g Trüschenleber, in 4 schräge Scheiben geschnitten, Salz – weißer Pfeffer – Zitronensaft.
Zum Panieren: 1 Ei, aufgeschlagen, Mehl – Semmelbrösel. Fett zum Braten

Die Trüschenleberscheiben würzen und in Mehl, Ei und Semmelbröseln panieren. Dann in heißem Fett beiderseitig goldgelb braten, je Seite etwa 3 Minuten. Fett durch ein Sieb abgießen und in Butter nachbraten.

Beilage: saftiger Kartoffelsalat.

Hechtfilets im Rahm

4 Personen

*40 g Butter, 6 Eßl. Zwiebelwürfel, ¹/₄ l Riesling,
8 Hechtfiletstücke à 100 g, mit Speck gespickt, Salz
– weißer Pfeffer – Zitronensaft, ¹/₄ l saurer Rahm,
Butterflocken*

In heißer Butter die Zwiebelwürfel andünsten, nach 5 Minuten
mit Riesling ablöschen und die gewürzten Hechtstücke hineinlegen. Zugedeckt 5 Minuten dünsten, Fisch umdrehen und den
sauren Rahm über den Hecht gießen. Butterflocken darauf verteilen und in der Backröhre bei 250° ca. 10 Minuten leicht
überbacken.
Beilage: selbstgemachte Nudeln oder abgeschmälzte Salzkartoffeln – Gurkensalat mit Dillsahne.

Notizen & weitere Rezepte:

fig. 5

Fleischgerichte

Bühler Schweinetaschen

4 Stücke Schweinefleisch à 200 g, aus dem Nacken,
500 g Zwetschgen, 3 Eßl. Zucker, 4 kleine Stück-
chen Stangenzimt, etwas Salz, 4 Nelken, 1/2 l Fleisch-
brühe, 3 Eßl. Zwiebelscheiben

Jedes Fleischstück flach und breit klopfen, damit daraus eine
Tasche entstehen kann. Die Zwetschgen entsteinen, das Frucht-
fleisch vierteln und mit dem Zucker in einer Pfanne schwenken.
Die Fleischstücke beidseitig leicht salzen, auf je eine Hälfte
einen Teil der angedünsteten Zwetschgen geben, 1 Nelke und
1 Zimtstückchen zufügen und jeweils die andere Hälfte der
Fleischscheibe überklappen. Die Tasche mit 3 Holzspießchen
oder Zahnstochern zusammenstecken, in Mehl drehen und in
heißem Fett auf beiden Seiten scharf anbraten. Die Zwiebeln
zugeben, mit der kochenden Fleischbrühe ablöschen, die Fleisch-
taschen zugedeckt in die heiße Backröhre schieben und 50 Minuten garen lassen. Wenn das Fleisch weich ist, die Taschen auf
eine erwärmte Platte legen und warmstellen. Dem Saft etwas
Rotwein zusetzen, kurz aufkochen und diese Sauce beim Anrichten über die Schweinetaschen gießen.
Beilage: frischer, schaumiger Kartoffelbrei.

Schwarzwälder Surbraten
4 Personen

1 1/2 kg Schweinenacken oder -schulter, ohne Kno-
chen, 10 Wacholderbeeren, zerdrückt, 3 Zehen
Knoblauch, geschält, gehackt.
Sur: 1 l Wasser mit 2 Eßl. Salz einmal aufkochen
und erkalten lassen

Fleisch mit Wacholder und Knoblauch einreiben und im Tontopf
mit kalter Sur übergießen. Das Fleisch soll kühl und zugedeckt
2–3 Wochen gesurt werden. Ab und zu wenden. Das Fleisch vor
dem Braten abspülen und trockenreiben. Weitere Zubereitung:
wie Schweinebraten.

Fleischknödel

4 Personen

2 kg Schweinefleisch, aus dem Nacken, fein durch-gedreht, Salz – Pfeffer, 2 Eier, 20 g Butter, 8 Eßl. Zwiebelwürfel, 2 Eßl. Petersilie, gehackt, 2 Wecken, eingeweicht in kaltem Wasser, 5 Eßl. Weckmehl

In heißer Butter Zwiebeln und Pertersilie andämpfen. Fleisch mit Gewürzen, ausgedrückten, durchgedrehten Wecken, Eiern und Zwiebelpetersilie mischen und Weckmehl daruntermengen. Aus dem Teig Klöße formen, Durchmesser 4 cm, in kochendes Salzwasser legen (Probeknödel), einmal aufkochen lassen und 15 Minuten ziehen. Wenn sie oben schwimmen, sind sie fertig.

Schweineschnitzel aus dem Backofen

Kartoffeln Schnitzel saurer Rahm

4 Personen

300 g rohe, dünne Kartoffelscheiben, 5 Eßl. Zwie-belscheiben, Salz – Pfeffer – Kümmel, 4 Schweine-schnitzel à je 180 g, gesalzen, gepfeffert, 2 Eßl. Fett, 1/4 l saure Sahne

In eine ausgebutterte feuerfeste Form eine Lage rohe, gewürzte Kartoffel- und Zwiebelscheiben geben, darauf die kurz angebra-tenen Schweineschnitzel, hernach eine weitere Kartoffel- und Zwiebelschicht. Mit saurer Sahne begießen und zugedeckt 40 Minuten bei mittlerer Hitze in der Backröhre garen. Die Form erst bei Tisch öffnen.
Beilage: grüner Salat.

Siedfleisch mit Beilagen

4 Personen

1000 g Rindfleisch zum Kochen (Tafelspitz, aus der Keule, Brustkern – Brustspitze, Hochrippe, kurz, ein mit Fett durchwachsenes Stück), 500 g Rinder-knochen mit einigen Markknochen, 4 l Wasser, Salz – Muskat, Suppengrün – gespickte Zwiebel, ange-

bräunte Zwiebelhälften, quer durchgeschnitten, un-
geschält, 2 Eßl. feingeschnittener Schnittlauch oder
gehackte Petersilie.
Beilagen: Brat- oder Niederauer Kartoffeln, saure
Gurken – Senfgurken – Preißelbeeren – Perlzwie-
beln – Kürbis – Meerrettichsauce.
Meerrettichsauce: ¹/₈ l Fleischbrühe, ¹/₈ l Milch,
3 Eßl. Stärkepuder, angerührt in 5 Eßl. kalter Milch,
8 Eßl. geriebener Meerrettich, am besten frischer,
vermischt mit etwas Salz – Zucker – Zitronensaft

Fleischknochen: Wasser mit etwas Salz, Zucker, Zwiebel und den Knochen kochen, dann erst das Fleisch hineinlegen, damit sich die Poren sofort verschließen und der Saft im Fleisch bleibt. Nach 1 Stunde langsamen Kochens oder Siedens, wie man hier sagt (deshalb Siedfleisch), das Suppengrün hineingeben. Das Fleisch muß weich sein, es dauert etwa 2 Stunden. Fleisch herausnehmen, in fingerdicke Scheiben schneiden und auf warmer Platte anrichten.

Inzwischen hat man Bratkartoffeln knusprig gebraten, mit Zwiebelwürfeln oder Niedernauer Kartoffeln zubereitet (s. S. 78) und die anderen Beilagen in Schälchen auf einem Tablett auf den Tisch gestellt.

Zur Meerrettichsauce Fleischbrühe und Milch aufkochen, mit angerührtem Stärkepuder binden. Einmal aufkochen und den mit den Gewürzen vermischten Meerrettich darunterrühren. Erhitzen, aber nicht kochen; so bleibt die erhoffte Schärfe im Meerrettich erhalten.

Suppengrün aus der Brühe mit einer Schaumkelle nehmen, abgetropft auf dem Brett hacken und, mit gehackter Petersilie vermischt, über das gekochte Fleisch streuen. Man kann es auch als Suppeneinlage verwenden. Umkommen lassen oder gar wegwerfen wollen wir nichts.

Die Markknochen mit Inhalt legt man zum Fleisch auf die Platte. Dazu stellt man einige Scheiben Bauernbrot auf den Tisch. Der Kenner schlägt sich das Mark auf die Brotscheibe, streut etwas Salz darüber und genießt diesen Leckerbissen mit großem Behagen.

Urschwäbischer »Roschtbraten« *Trollinger vom Bossdenonn!*

1 Person

20 g Fett, 1 Scheibe Roastbeef à 200 g, Haut drei-mal eingeschnitten, damit sich das Fleisch nicht nach oben biegt, wenn es gebraten wird, Salz – weißer Pfeffer, 60 g Zwiebelstreifen, rösch geröstet, 10 g Butter, 80 g Spätzle, in Butter heiß geschwenkt, vermischt mit 80 g Sauerkraut

Im heißen Fett die gewürzte Scheibe Roastbeef je Seite 4 Minuten scharf anbraten. Fett durch ein Sieb abgießen und auffangen. In die Pfanne die Butter geben und das Fleisch je Seite noch 2 Minuten braten.

Inzwischen auf heißem Teller das Spätzle-Kraut-Gemisch anrichten, das Fleisch darauf legen und in der Butter die Röstzwiebeln erhitzen und über das Fleisch zischen.

Beilage: Endiviensalat.

Getränk: Viertele Rot, ein Trollinger aus dem Bottwartal.

Schwäbischer Rostbraten mit Röstzwiebeln

4 Personen

4 Eßl. Öl, 4 Scheiben Rindfleisch aus dem Rücken à 150 g (man sagt auch Roastbeef. Beim Metzger flachklopfen lassen), Salz – weißer Pfeffer, 4 Zehen Knoblauch, geschält, kleingehackt, 4 Eßl. Butter

Die Haut am Fleischrand mit scharfem Küchenmesser einschneiden, damit sich das Fleisch nicht rollt. Eine Scheibe Fleisch auf flachen Teller legen, darauf den gehackten Knoblauch verteilen und 1 Kaffeelöffel Öl darauf träufeln. Die zweite Scheibe Fleisch darauf legen, so zieht der Knoblauchgeschmack in beide Fleischstücke ein. Das Öl macht das Fleisch zart. 10 Minuten ruhen lassen.

In einer Stielpfanne Öl erhitzen. Die Fleischstücke hineinlegen; sie müssen genügend Platz haben und dürfen nicht übereinander liegen. Nach 2 Minuten das Fleisch mit der Bratengabel vorsichtig umdrehen und diese Seite auch etwa 2 Minuten braten. Jetzt die Butter in die Pfanne geben, sie darf nur schäumen und nicht schwarz werden. In der Butter kurz nachbraten und die Rostbraten auf warmer Platte anrichten.

Röstzwiebeln

4 Personen

4 größere Zwiebeln, 1/8 l Öl

Die Zwiebeln schälen, quer halbieren und in dünne Scheiben schneiden.

Öl in einer Stielpfanne erhitzen, die Zwiebelscheiben hineingeben und auf kleiner Flamme rösten lassen. Mit der Bratengabel umrühren. Sobald die Zwiebeln goldbraun sind, auf ein Sieb schütten und das Fett auffangen.

Kalbsbriesle, überbacken

4 Personen

Spätzle dazu!

500 g gekochte Kalbsbrieslescheiben, Salz – Zitronensaft, 4 Eßl. Weißwein, 1 Eßl. gehackte Petersilie. Sauce: 1/4 l Brühe, in der die Briesle gekocht wurden, 3 Eßl. Stärkepuder, angerührt in 4 Eßl. kalter Milch, Salz – Zitronensaft, 2 Eigelb, angerührt in 4 Eßl. Sahne, 50 g geriebener Käse

Aus der kochenden Brühe die gekochten Kalbsbriesle nehmen, in fingerdicke Scheiben schneiden und mit etwas Salz und Zitronensaft würzen, ebenso mit Weißwein und gehackter Petersilie. In feuerfeste Form legen.

Zur Sauce die abpassierte Brühe aufkochen, mit angerührtem Stärkepuder binden, einmal aufkochen, würzen und mit der Eigelbsahne vermischen. Die Sauce über die Brieslescheiben decken und mit geriebenem Käse bestreuen. Bei 250° im Backofen goldgelb überbacken.

Beilage: geröstete Spätzle und Salate.

Schwäbische Rahmschnitzel

4 Personen

20 g Fett, 4 Scheiben Kalbfleisch à 180 g, aus der Keule (Schnitzelstück), Salz – weißer Pfeffer, 2 Eßl. Mehl.
Sauce: 50 g magere Speckwürfel, 4 Eßl. Zwiebelwürfel, 1 Eßl. Tomatenmark, ⅛ l Fleischbrühe, ⅛ l saurer Rahm, Salz – ungarischer Paprika, edelsüß, 1 Eßl. Stärkepuder, angerührt in 3 Eßl. kalter Milch, Zitronensaft – 1 Schuß Weißwein

Speck- und Zwiebelwürfel anschwitzen, Tomatenmark dazurühren und mit Fleischbrühe auffüllen. Einmal aufkochen, mit dem angerührten Stärkepuder binden und noch einmal aufkochen. Saure Sahne dazurühren und würzen.

Im heißen Fett die Kalbfleischscheiben, gewürzt, beiderseitig anbraten, je Seite 3 Minuten. In die Sauce legen und hier noch 5 Minuten durchziehen lassen. Einen Schuß Weißwein dazurühren.

Auf warmer Platte anrichten und mit Rahmsauce bedecken.

Beilage: In Butter mit Semmelbrösel heiß geschwenkte Spätzle.

Eigmachts Kalbfleisch

4 Personen

50 g Butter oder Fett, 8 Eßl. Zwiebelstreifen, 600 g Kalbfleisch, ohne Knochen, aus der Schulter oder vom Hals, in mundgroßen Würfeln, 5 Eßl. Mehl, ⅛ l Weißwein, ½ l Fleischbrühe, Salz – Muskat – Zitronensaft

In Butter die Fleischwürfel anbraten, ohne daß sie braun werden. Zwiebelstreifen dazugeben, 2 Minuten mitdünsten. Mehl darüberstäuben, 1 Minute mitdünsten, mit Weißwein ablöschen und mit Fleischbrühe auffüllen. Alles sachte kochen lassen, bis das Fleisch weich ist, würzen. Die Sauce muß deckend dick sein; sollte sie das nicht, dann mit etwas kalt angerührtem Stärkepuder nachhelfen. Über das fertige Gericht gehackte Petersilie streuen.   Beilage: Spätzle.

Eingemachtes Kalbfleisch »Sonntagsausgabe«

2 Eigelb mit ⅛ l Rahm vermischen und unter das fertige Gericht rühren. Nun nicht mehr kochen lassen, weil sonst das Eigelb gerinnt.

Kälberkränzle (Gekröse)

4 Personen

500 g Kalbsgekröse, in Streifen geschnitten (fertig gekocht beim Metzger zu kaufen).
Sauce: 20 g Butter, 4 Eßl. Zwiebelwürfel, 4 Eßl. Mehl, ¼ l Fleischbrühe oder Wasser, Salz – Zitronensaft – Suppenwürze

In zerlassener Butter Zwiebelwürfel hell andünsten. Mehl dazurühren und mit Fleischbrühe auffüllen. Einmal aufkochen, mit Salz, Zitronensaft und Suppenwürze abschmecken und das Kalbsgekröse hineingeben. Einmal aufkochen.

Schwäbische Leberknödel

4 Personen

400 g Leber (Rinds- oder Schweineleber), durch die feine Scheibe des Wolfes gedreht (beim Metzger bekommt man sie schon durchgedreht zu kaufen), 4 Brötchen, klein gewürfelt, übergossen mit ¼ l heißer Milch, 2 Eier, Salz – schwarzer Pfeffer – Muskat – Majoran, aber bitte nur eine Spur, 4 Eßl. Zwiebelwürfel, in wenig Fett mit 1 Eßl. feingehackter Petersilie angedünstet, 1½ l Wasser, gesalzen, 1 gespickte Zwiebel.
Zum Abschmälzen: 20 g Schweineschmalz, 8 Eßl. Zwiebelwürfel

In einer Schüssel die Leber mit den ausgedrückten Brötchen, den Gewürzen, den angedünsteten Petersilienzwiebeln und den Eiern zum Teig mischen.
Das gesalzene Wasser mit der gespickten Zwiebel kochen, aus dem Teig mit 2 Eßlöffeln Knödel formen und sie ins sachte

kochende Wasser legen, einmal aufkochen, dann zugedeckt 10 Minuten ziehen lassen. Die Klöße mit einem Schöpfer aus dem Sud nehmen und auf warmer Platte anrichten.

Im heißen Schmalz die Zwiebelwürfel goldgelb rösten und über die Leberklöße verteilen.

Beilage: Salzkartoffeln und Sauerkraut.

Ochsenschwanzragout in Württemberger

4 Personen

3 Eßl. Öl, 1 kg Ochsenschwanz, in den Gliedern zerhackt, 2 große Zwiebeln, gewürfelt, 2 Möhren und 1 Stange Lauch, in kleine Stücke geschnitten, 1 Lorbeerblatt – 2 Nelken, 2 Eßl. Zucker, 5 Eßl. Mehl, 1½ l Fleischbrühe, ½ l schwäbischer Rotwein, 250 g Pfifferlinge, 50 g magerer Speck, 3 Eßl. feine Zwiebelwürfel, 1 Eßl. gehackte Petersilie, Salz – Pfeffer, 3 Eßl. Tomatenmark

In einer stabilen Kasserolle das Öl rauchend heiß machen. Die leicht gesalzenen Ochsenschwanzstücke hineingeben und allseitig braun rösten, ca. 20 Minuten. Zwiebeln, Lauch und Möhren dazugeben, 20 Minuten mitrösten lassen, ab und zu umrühren. Das Mehl anstäuben, umrühren, Tomatenmark dazugeben und 5 Minuten ziehen lassen. Mit Rotwein ablöschen. Die Fleischbrühe dazugießen und die restlichen Gewürze hineingeben. Topf zudecken und solange dämpfen, bis das Fleisch weich ist. Dann das Fleisch aus der Sauce nehmen. Die Sauce mit den Gewürzzutaten im Mixer pürieren, abschmecken und über die Ochsenschwanzstücke gießen.

In einer Pfanne die Speckwürfel mit den Zwiebeln andämpfen. Die Pfifferlinge dazugeben, heiß schwenken, gehackte Petersilie darüberstreuen und alles über den angerichteten Ochsenschwanz geben. Zum Schluß mit Madeira beträufeln.

Beilage: Kartoffelklöße, Spätzle oder Butternudeln.

Getränk: leichter schwäbischer Rotwein.

Fleischpudding

4 Personen

250 g Ochsenfleisch, mager, aus der Keule, 250 g Schweinefleisch, aus Hals oder Bug, 250 g Kalbfleisch, aus Hals oder Bug, alles durch die feine Scheibe des Wolfes gedreht, 4 Brötchen, in Milch eingeweicht, auch durchgedreht, 125 g Butter, 8 Eßl. Zwiebelwürfel, 4 Eßl. Petersilie, gewiegt, beides in 20 g Butter angedünstet, Salz – Pfeffer – Muskat, 4 Eigelb, das Eiweiß zu steifem Schnee geschlagen

Butter schaumig rühren, durchgedrehtes Fleisch und Brötchen mit Zwiebel-Petersilie, Gewürzen und Eiern daruntermischen und zuletzt den steifen Schnee darunterheben. Die Masse in eine Puddingform, gebuttert und mit Weckmehl ausgestreut, füllen, die Form verschließen und im Wasserbad 2 Stunden kochen.

Schwäbische Schlachtplatta

Wie überall schätzt man auch hier den deftigen Genuß der herbstlichen Schlachtplatte. Allerdings ist sie wohl hierzulande üppiger als anderswo in den Beilagen.
Nun aber der Reihe nach.

Wurstbrühe

4 Personen

In eine warme Suppenterrine gibt man 8 Eßl. Schwarzbrotwürfel, die man vorher in wenig Schmalz angeröstet hat. Darüber schöpft man 1 l heiße Kesselbrühe, in der Leber- und Griebenwurstfülle herumschwimmt. Umgerührt und somit etwas gedickt verteilt man die Suppe in warme Teller.

Schlachtplatta

Auf einen Hügel von glänzendem Sauerkraut legt man Kesselfleisch vom Kopf, von Stich, Gurgel oder Krettel-Bauch sowie Leber- und Blutwürste, die man wegen der fetten Speckwürfel auch Griebenwurst nennt.

Und jetzt die Beilagen:
Erbsenpüree von gelben Erbsen, abgeschmälzt mit gerösteten Zwiebelwürfeln,
Spätzle,
Kartoffelbrei.
Also für jeden etwas.

Für da Mei Spätzlu

Erbsenpüree:
Zutaten (für 4 Personen):

250 g gelbe, halbe, geschälte Erbsen, Salz – 1 gespickte Zwiebel

Die Erbsen über Nacht in kaltem Wasser einweichen. Am nächsten Tag abgießen, mit heißer Schweinefleischbrühe bedecken, etwas salzen und die gespickte Zwiebel dazugeben. Zugedeckt sachte kochen, bis die Erbsen weich sind. Man drückt die Erbsen durch die Kartoffelpresse, rührt den Brei durch und schmeckt ihn ab. Er muß so dick wie Kartoffelbrei sein. Die angerösteten Zwiebelwürfel verteilt man darüber.

Ripple mit Rieslingkraut und Apfelscheiben
4 Personen

800 g Kassler Ripple, ¹/₈ l Weißwein.
Rieslingkraut: 800 g Sauerkraut, ¹/₈ l Weißwein,
30 g Fett, 100 g Zwiebelscheiben, 100 g Apfelscheiben,
1 gespickte Zwiebel, Salz – Zucker – Wacholderbeeren, ¹/₂ l Wasser. 12 fingerdicke Apfelscheiben, geschält, entkernt, Weißwein.

Pro Kopf 200 g gekochtes Kassler auf Alufolie legen, mit Weißwein beträufeln, Alufolie schließen und in die heiße Backröhre
legen.

In heißem Fett Zwiebeln und Äpfel andünsten, das Sauerkraut
dazugeben und mit dem kochenden Wasser übergießen. Die gespickte Zwiebel dazulegen und das Kraut kochen, bis es fertig
ist, es darf aber nicht zu weich werden. Die gespickte Zwiebel
herausnehmen, Lorbeerblatt und Nelken entfernen, die Zwiebel
hacken und wieder in das Kraut geben. Zum Schluß den Weißwein darunterrühren. Die 12 Apfelscheiben auf Alufolie legen
und mit Weißwein beträufeln. Auf einem Backblech 5 Minuten
in der heißen Backröhre erhitzen.

Auf einer warmen Platte das Kraut in der Mitte anrichten, die
Kassler Rippchen darauflegen und die Apfelscheiben um das
Kraut herum verteilen.
Beilage: Kartoffelbrei.

Saure Kuttla
4 Personen

50 g Fett, 8 Eßl. Zwiebelwürfel, 4 Eßl. Mehl, 800 g
Kuttelstreifen, weich gekocht, 3 Eßl. Apfelessig, ¹/₄ l
Fleischbrühe, Salz – weißer Pfeffer – Suppenwürze

Im heißen Fett die Zwiebelwürfel andünsten, mit Mehl vermischen und das Mehl langsam anbräunen. Mit Essig ablöschen
und mit Fleischbrühe auffüllen. 3 Minuten sachte kochen lassen
und die Kuttelstreifen hineingeben. Umrühren und zusammen
einmal aufkochen und würzen.
Beilage: geröstete Kartoffeln.

Gröstete Kuttla mit Eiern
4 Personen

50 g Butter, 4 Eßl. Zwiebelwürfel, 500 g Kuttelstrei-
fen, gekocht, 4 Eier, aufgeschlagen, gewürzt mit
Salz und weißem Pfeffer

In Butter die Zwiebelwürfel hell andünsten. Die Kuttelstreifen dazugeben und langsam anrösten wie Bratkartoffeln. Würzen und die aufgeschlagenen Eier darübergießen. Sachte umrühren, bis die Eier geronnen sind. Auf warmer Platte anrichten und mit gehackter Petersilie bestreuen.
Beilage: Salate.

Kuttla weiß (wie eingemachtes Kalbfleisch)

4 Personen

50 g Butter, 8 Eßl. Zwiebelwürfel, 800 g Kuttel-streifen, weich gekocht, 1/8 l Milch, 1/8 l Fleisch-brühe, 4 Eßl. Apfelessig, 3 Eßl. Stärkepuder, ange-rührt in 6 Eßl. kalter Milch, 5 Eßl. saurer Sahne, Zitronensaft – Salz – Muskat – weißer Pfeffer

In der heißen Butter Zwiebelwürfel andünsten und mit Apfelessig ablöschen. Mit Fleischbrühe auffüllen und die Kuttelstreifen dazugeben. Aufkochen und mit dem angerührten Stärkepuder binden, einmal aufkochen. Milch dazurühren und aufkochen. Würzen und die saure Sahne dazurühren. Über das fertige Gericht etwas frischen Zitronensaft und Worcestersauce träufeln, dann schmeckt es wie Ragout fin oder Hühnerfrikassee. Ein Schluck Weißwein hebt den pikanten Geschmack.

Kuttelsupp'

Von allen 3 Kuttelgerichten kann man Kuttelsuppe machen, indem man mit Fleischbrühe auf Suppenstärke verdünnt. Eine herrliche Mitternachtssuppe!

Fränkisch-Hohenloher Kuhessen

Im grauen, nebel- und regentrüben Herbst vertreiben sich die Leute im Hohenloher Land, das ist die Gegend um Crailsheim herum, ihre langen Abende mit gemeinsamen bäuerlichen Schmäusen, beispielsweise mit einem Kuhessen.

Da schlachtet ein Bauer, gleichzeitig auch Bierbrauer, eine Kuh. Das Fleisch hängt bei einem Metzger, es wird dadurch mürber, und 8 Tage lang verspachteln abwechselnd der Hausfrauenverband, die Kegelbrüder, der Gesangverein, die freiwillige Feuerwehr zu jeweils etwa 40 Personen allmählich diese Kuh.

In großen Kesseln auf der eisernen Herdplatte, mit Holz aus dem Gemeindewald befeuert, kocht das Fleisch mit Knochen und Wurzelwerk weich. Inzwischen knetet man Nudelteig, schneidet ihn zu Fadennudeln und kocht sie für die Suppe. Sie eröffnet, mit reichlich frisch gehackter Petersilie gewürzt, das deftige Mahl. Dann kommt das weich gekochte Rindfleisch in handfesten Portionen auf die warmen Teller und die traditionelle Meerrettichsauce. Als Beilage gibt es knuspriges Landbrot und einen Mittelteller mit Senfgurken, Preißelbeeren und roten Rüben, die natürlich auch selbst zubereitet wurden. Dazu läßt man sich das prickelnde, helle, süffige Bier aus der Brauerei im Familienbesitz gut schmecken.

Notizen & weitere Rezepte:

fig. 6

Wild und Geflügel

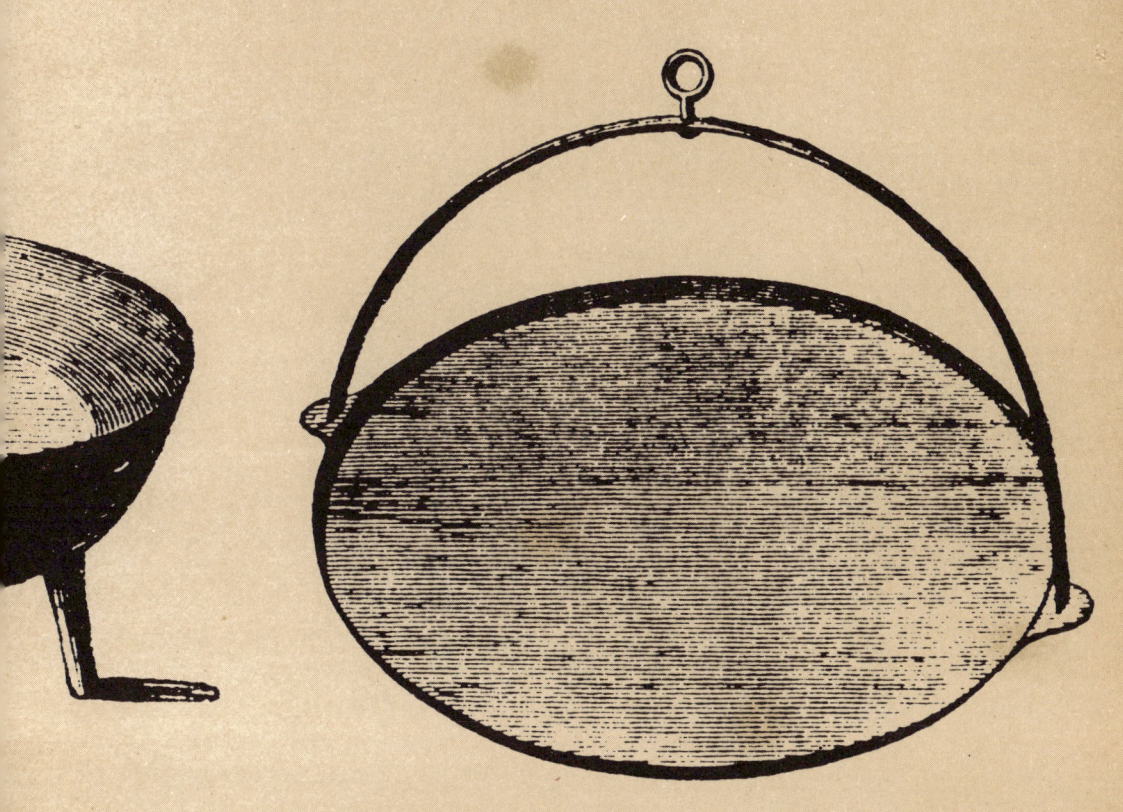

Rehziemer, gebraten

4–6 Personen

Sonntagsspfm!

1 Rehrücken, ca. 1–1 1/2 kg, etwas Salz, 40 g weiche Butter oder Margarine, 124 g fetter Speck, in Scheiben, 1/4 l heißes Wasser, Suppengrün (Möhre, Lauch, Sellerie), kleingeschnitten, 1 Zwiebel, geviertelt, 1 Lorbeerblatt – 2 Nelken – 2 Wacholderbeeren, zerdrückt, 1/4 l saure Sahne, 1 Eßl. Stärkepuder, angerührt in 3 Eßl. kalter Milch, Zitronensaft – Weißwein, 1 Eßl. Johannisbeergelee, 40 g Butter

Den Rehrücken waschen, enthäuten, salzen und mit dem Fett bestreichen. Einen Teil der Speckscheiben in eine mit Wasser ausgespülte Rostbratpfanne legen, den Rücken darauf legen und mit den übrigen Speckscheiben belegen. Es ist gut, an den beiden Enden des Rückens je 1 Bratspießchen in die Wirbelsäule zu stecken, damit sich beim Braten die Enden nicht nach oben biegen. Die Rostbratpfanne in den Backofen schieben. Sobald der Bratensatz bräunt, etwas von dem heißen Wasser zugießen. Das Fleisch ab und zu mit dem Bratensatz begießen, verdampftes Wasser ersetzen. Nach 20 Minuten Suppengrün, Zwiebel und die Gewürze dazugeben und den Rehrücken noch weitere 20 Minuten braten lassen. Er darf nicht ganz durchgebraten sein, sondern muß beim Anschneiden einen rosa Kern haben. Wenn das Fleisch gar ist, auf der Kochstelle den Bratensatz mit der Sahne loskochen, evtl. noch etwas Wasser zusetzen, durch ein Sieb gießen, mit dem angerührten Stärkepuder binden, aufkochen und die Sauce mit Salz, Zitronensaft, Wein und Johannisbeergelee abschmecken.

Den Rehrücken von den Knochen lösen, die Stäbchen oder Spießchen herausziehen, das Fleisch in Scheiben schneiden, auf einer vorgewärmten Platte anrichten und die Sauce in einer Sauciere dazu servieren.

Beilage: Spätzle, in Butter geschwenkt.

Rehragout in Rotwein aus Weikersheim

4 Personen

*2 kg Rehfleisch, mit Knochen, aus Hals oder Schul-
ter, in Würfeln von 6 cm Seitenlänge, 200 g fette
Speckstreifen, 4 große Zwiebeln, geschält, in Streifen, 4 Eßl. Öl, 1 Lorbeerblatt – 10 Wacholderbeeren, zerdrückt – 3 Nelken, 2 l Fleischbrühe, ½ l
Rotwein, in ¼ l 6 Scheiben Pumpernickel zerbrök-
kelt und darin eingeweicht, Salz – Pfeffer – Paprika,
3 Eßl. Johannisbeergelee*

Die Rehfleischwürfel 3 Stunden in viel kaltes Wasser legen, das
Wasser zweimal erneuern. So wird das Fleisch hell. Auf ein Sieb
schütten und abtropfen lassen.
In einer größeren Pfanne das Öl heiß werden lassen. Das Fleisch
hineingeben, etwas salzen und in der heißen Backröhre rundherum anbraten. Nach 10 Minuten Speck und Zwiebelwürfel dazugeben, 5 Minuten mitbraten lassen. Die kochende Fleischbrühe und ½ l Rotwein darübergießen und die Gewürze dazugeben. Zugedeckt im heißen Ofen kochen, bis das Fleisch weich
ist.
Den Pumpernickel in dem Rotwein mit einem Schneebesen zer-
kleinern und in das kochende Ragout rühren, bis die Sauce
leicht gebunden ist. Zum Schluß das Johannisbeergelee daruntermischen.
Beilage: Semmelknödel oder Butternudeln mit in Butter angerösteten Semmelbröseln
Getränk: Rotwein aus Weikersheim.

Hasapfeffer

4 Personen

*1000 g Hasenklein, ¾ l Weißwein, 100 g Butter
oder Margarine, ¼ l Rotwein, ⅛ l saure Sahne,
2 Teel. Stärkepuder, angerührt in 2 Eßl. kaltem
Wasser, Salz – Pfeffer – Zucker*

Hasenklein in kaltes Wasser legen, etwa 24 Stunden lang, Wasser ab und zu erneuern. Fleisch auf einem Sieb abtropfen lassen,

in eine Schüssel legen und mit Weißwein übergießen. Das Fleisch muß gut bedeckt sein. Nach 3 Tagen das Fleisch herausnehmen, gut abtrocknen, enthäuten und von kleinen Knochen befreien.
In einem Topf das Fett bei starker Hitze zerlassen, das Fleisch hineingeben und scharf anbraten. Rotwein hinzugießen und bei schwacher Hitze schmoren lassen. Evtl. noch etwas Rotwein nachfüllen. Etwa 16 Minuten vor Beendigung der Schmorzeit die Sahne dazugeben. Wenn das Fleisch gar ist, die Sauce mit dem angerührten Stärkepuder binden und abschmecken. Schmorzeit etwa 60 Minuten.
Beilage: Kartoffelklöße oder Butternudeln.
Getränk: Rotwein oder Bier.

Schwarzwälder Platta (Gericht für die Rebhuhnzeit)

4 Personen

400 g Sauerkraut, 4 halbe, gebratene Rebhühner, 4 Scheiben mageren Speck, angeröstet, 4 Leberknödel (s. S. 58), 4 halbe Bockwürstchen, warm, 4 Eßl. Zwiebelwürfel, in wenig Fett angeröstet

Auf warmer Platte das Sauerkraut möglichst trocken anrichten. Die halben Rebhühner darauf legen, mit Rahmsauce leicht bedecken und je 1 Scheibe angerösteten Speck darüberlegen. In die Zwischenräume je 1 Leberknödel, bestreut mit angerösteten Zwiebelwürfeln, und als Schmuck die Bockwürstchen dazulegen.
Beilage: Kartoffelbrei.

Rebhuhn in Rahmlinsa

4 Personen

300 g Linsen, 50 g Butter oder Margarine, 2 Möhren – 2 Stangen Lauch – 2 Zwiebeln – ¼ Sellerieknolle, 2 l heiße Fleischbrühe, 4 küchenfertige Rebhühner, je etwa 250 g, Salz, 1 Zwiebel – 2 Nelken, 100 g magerer Speck, ¼ l saure Sahne, Portwein

Linsen waschen, über Nacht im kalten Wasser einweichen, am anderen Tag auf ein Sieb gießen und abtropfen lassen.

Fett in einem Topf bei starker Hitze zerlassen, das vorbereitete, in feine Scheiben geschnittene Gemüse kurz darin andünsten, die Linsen hinzufügen, mit der Brühe auffüllen, zum Kochen bringen.

Rebhühner waschen, gut abtrocknen, innen und außen salzen, zusammen mit der mit den Nelken gespickten Zwiebel in die Brühe geben und bei starker Hitze zum Kochen bringen. Den mit dem Deckel verschlossenen Topf zum Garen in die Backröhre stellen und etwa 60 Minuten kochen lassen. Wenn die Rebhühner gar sind, aus der Brühe nehmen, das Fleisch von den Knochen lösen und in Würfel schneiden.

In einer Pfanne den gewürfelten Speck auslassen und zusammen mit dem geschnittenen Fleisch und der Sahne unter die Linsen rühren. Das Gericht nochmals kurz erhitzen und mit Salz und Portwein abschmecken.

Gfüllte junge Täuble

4 Personen   *Täuben holen.*

4 bratfertige junge Täubchen.
Füllung: 4 in Wasser eingeweichte Brötchen, Leber und Herzen der Täubchen, fein gewiegt, 2 Eier, Salz – Muskat – Pfeffer, 40 g Butter, schaumig gerührt, 10 g Butter, 4 Eßl. Zwiebelwürfel, 1 Eßl. Petersilie, gehackt

In heißer Butter Zwiebelwürfel und Petersilie andämpfen. Die zerdrückten Brötchen mit schaumiger Butter, Gewürzen, Eiern, gehackten Taubeninnereien und Zwiebelpetersilie vermischen. Die Täubchen innen salzen und mit der Füllung füllen, auch den Kropf. Beide Schlußstellen mit Bindfaden zunähen. Täubchen außen salzen und in heißem Fett ringsherum anbraten. Magen der Täubchen, gelbe Rüben und ein Stück Brotrinde dazugeben und in der mittelheißen Bratröhre ca. 1 Stunde braten, dabei öfters mit Fleischbrühe begießen. Fertige Täubchen aus der Pfanne nehmen, warm stellen. Die Pfanne auf den Herd stellen, den Bratensatz mit Fleischbrühe etwas auffüllen, durch-kochen und dann durch ein Sieb passieren.

Bei den Täubchen die Fäden herausziehen, anrichten und die Sauce getrennt auf den Tisch bringen.

Gansbraten

Zum Martinstag!

4—6 Personen

1 bratfertige, junge Gans, gefüllt mit 4 Zwiebeln, ge-schält und geviertelt, 4 Äpfeln, geschält, entkernt und geviertelt, und 1 Stengel Beifuß, 1 l Wasser, 1 Lorbeerblatt – 2 Nelken, Apfelmus

In eine Pfanne mit kochendem Wasser die Gans mit der Brust nach unten hineinlegen und in den heißen Ofen schieben. Das Wasser entzieht der Gans das Fett, ohne daß das Fleisch trocken wird. Nach 2 Stunden drehen und unter fleißigem Begießen rundherum schön knusprig braten. Nach 3½ bis 4 Stunden ist sie fertig. Die Gans herausnehmen. Sauce auf dem Herd ein-kochen, entfetten und mit Apfelmus binden. Die Gans so zer-legen, daß jeder 1 Stück Brust und 1 Stück Keule bekommt. Die Füllung kleinhacken und heiß dazugeben.

Beilage: Blaukraut und Kartoffelklöße.

Gansbraten mit Kartoffelfüllung

Zutaten (je nach Größe der Gans): 500 g kleinge-würfelte, rohe Kartoffeln, 20 g Butter, 6 Eßl. Zwie-belwürfel, 3 Eßl. Petersilie, gehackt, Salz – Pfeffer – Majoran, aber nur eine Spur

Die Kartoffeln einmal in Salzwasser 8 Minuten kochen und ab-gießen. In Butter, Zwiebeln und Petersilie andämpfen, die Kar-toffeln dazugeben, mitschwenken und würzen. Diese Füllung in die gesalzene Gans stopfen und diese unten zunähen. Dann die Gans wie gewohnt braten.

Ente »Schwarzwälder Art«

In die bratfertige, mit Salz gewürzte Ente Petersiliensträußchen und einen frischen Zweig Schwarzwaldtanne stecken. Die Ente braten wie die Gans (s. S. 72).

Vom Moscht.

Holt ällnmol nu dürr Zit,
wänn's Äpful ond oin Birnor gnit,
no moschtnt mor bü ous nu Lond
ond wörr's it tünt,
sot koin Vurstond.

Dus ist koi rnorchtur Schwob, dur Mo,
dur wo koin Moscht morcht, wänn ur koi,
ond dur wo soit, dur schmnckt oun it,
sot soit no ünn koin rnchtor gnit.

Narr vonn or rnorchtor wurd's oun wohl,
oilloi scho von oun Kürnglu roll.
Ond wänn Dü fnuf trinkst odnr snchs,
so tünt's dr günt ond schnd' dr unx.

Ludwig Schnäbln

Notizen & weitere Rezepte:

fig · 7

Gaisburger Marsch

4 Personen

400 g gekochtes Rindfleisch, in mundgroßen Würfeln, 1 ½ l kräftige Fleischbrühe, 400 g rohe Kartoffelwürfel, geschält, in leicht gesalzenem Wasser gekocht (nicht zu weich, sie müssen zusammenhalten, also nicht mehlig sein), 400 g Spätzle, Salz – Muskat, 8 Eßl. Zwiebelwürfel, 50 g Butter oder Schweineschmalz, 2 Eßl. Schnittlauch, feingeschnitten

In der gewürzten Brühe kocht man einmal zusammen auf: Rindfleischwürfel, Spätzle und Kartoffeln und gibt etwas von dem Kartoffelwasser dazu. In heißer Butter röstet man die Zwiebelwürfel goldgelb an und schüttet sie auf die fertige Suppe. Schnittlauch darüber streuen.

Hier und da findet man dieses Gericht auch mit angerösteten Weißbrotwürfeln.

Niedernauer Kartoffeln

4 Personen

50 g Butter, 6 Eßl. Zwiebelwürfel, 2 Eßl. Petersilie, gehackt, 1000 g Kartoffelwürfel, gekocht, kalt, ⅛ l Sahne, süß oder sauer, vermischt mit 3 Eigelb, Salz – Muskat – weißer Pfeffer, 2 Eßl. Schnittlauch, feingeschnitten

In der zerlassenen Butter Zwiebeln und Petersilie kurz andünsten. Kartoffelwürfel dazugeben und etwa 5 Minuten mitdünsten, bis alle heiß geworden sind. Würzen und die Eiersahne darübergießen und umrühren, bis sie sich mit den Kartoffeln vermischt haben. Sie dürfen jetzt nicht mehr kochen, weil sonst das Eigelb gerinnen würde, mit Schnittlauch bestreuen.

Eine köstliche fleischlose Mahlzeit; aber zu gekochtem Rindfleisch auch eine herrliche Beilage.

Schwäbische Linsen

*250 g Linsen, über Nacht in kaltem Wasser einge-
weicht, 1 l Fleischbrühe (kann auch aus Würfeln
sein), 1 gespickte Zwiebel (an 1 geschälte Zwiebel
mit 2 Nelken 1 Lorbeerblatt anheften), 100 g magere
Speckwürfel, 8 Eßl. Zwiebelwürfel, 4 Eßl. Mehl,
Salz – Suppenwürze*

Die eingeweichten Linsen abgießen und in der Fleischbrühe mit
der gespickten Zwiebel weichkochen.

Speck und Zwiebeln anbraten und das Mehl dazugeben. Etwas
anrösten, bis es leicht bräunt. Dann alles in die Linsen rühren
und noch einmal aufkochen. Würzen mit Salz, vielleicht mit
etwas Suppenwürze.

Apfelessig auf den Tisch stellen, dann kann sich jeder nach
Wunsch bedienen.

In Butter heiß geschwenkte Spätzle dazugeben.

Man kann auch heiße Saitenwürstchen, in Scheiben geschnitten,
dazugeben.

Rahm-Linsen mit Ochsenschwanz

4–6 Personen

*500 g junge Linsen, 3 l kräftige Fleischbrühe, 1 ge-
spickte Zwiebel, 3 Eßl. Schinkenreste, 400 g geschälte,
rohe Kartoffelwürfel, 1 Ochsenschwanz, in Stücken,
2 Eßl. Öl, 1 Knoblauchzehe, zerdrückt, ½ Sellerieknolle, in Würfeln, 1 Stange Lauch, in Streifen, 2
Karotten, in Scheiben, 6 Eßl. Zwiebelscheiben, Salz,
2 Eßl. Tomatenmark, 1 l Rotwein, ¼ l saure, dicke
Sahne*

Linsen über Nacht einweichen, dann Wasser abschütten und mit
Fleischbrühe, Kartoffeln, Zwiebeln und Schinkenresten weich-
kochen. Ochsenschwanzstücke in heißem Öl scharf anbraten.
Nach 10 Minuten Sellerie, Lauch, Karotten, Zwiebeln, Salz und
Tomatenmark dazugeben, 5 Minuten dünsten, umrühren. Rot-
wein darübergießen und zugedeckt leise weiterkochen, bis das
Fleisch weich ist. Ochsenschwanzstücke herausnehmen, noch

warm das Fleisch von den Knochen lösen und würfeln. Mit dem Gemüse und der Rotweinbrühe in die Linsen geben, saure Sahne dazugießen und einmal aufkochen.

Gelbe Erbsensuppe mit Rüssel und Schwänzle

4–6 Personen

3 Eßl. Speckwürfel, 6 Eßl. Zwiebelwürfel, 1 Karotte, in Scheiben, 1 Stange Lauch, in Streifen, 1/2 Sellerieknolle, in Scheiben, 300 g rohe Kartoffelscheiben, 300 g gelbe, geschälte Erbsen, über Nacht eingeweicht, 500 g Schweinerüssel, 300 g Schweineschwänze, gepökelt, in kleinen Stücken, 3 l kochendes Wasser, 1/2 Teel. Thymian, 1/2 Teel. Majoran, Salz

Speck und Zwiebeln 2 Minuten andünsten. Karotten, Lauch, Sellerie und Kartoffeln dazugeben und 2 Minuten mitdünsten. Jetzt Erbsen und Fleisch hinzufügen und mit kochendem Wasser auffüllen. Zugedeckt in die heiße Röhre schieben. Wenn Fleisch und Erbsen weich sind, ist die Suppe fertig. Thymian und Majoran darunterrühren.
Beilage: Vollkornbrotscheiben.

Für Oror und Amor kochen

Notizen & weitere Rezepte:

fig. 8

Gemüse und Salate

Filderkraut, gedünstet

4 Personen

50 g Schweineschmalz, 50 g magere Speckwürfel, 8 Eßl. Zwiebelstreifen, 1000 g Filderkraut, in Streifen geschnitten, 1/8 l Apfelessig, Salz – Kümmel – weißer Pfeffer, 1/4 l Fleischbrühe

Im Schweineschmalz den Speck und die Zwiebeln anbraten, die Krautstreifen dazugeben, umrühren, würzen und mit Apfelessig und Fleischbrühe bedecken, langsam zugedeckt schmoren lassen, bis das Kraut weich ist.
Beilage zu Schweine-, Rinderbraten und Fleischbrötle.
Ein Schuß Apfelmoscht gibt dem Kraut eine pikante Note.

Filderkrautwickel

4 Personen

1 größerer Kopf Weißkraut, Salzwasser.

Füllung: 300 g Schweinenacken, 300 g Rindfleisch, vom Hals, beides mittelfein durchgedreht, 2 Brötchen, in Milch eingeweicht, 4 Eßl. Zwiebelringe, 2 Eßl. Petersilie, gehackt, 1 Eßl. Butter, Salz – Muskat – Pfeffer, 4 Eßl. Zwiebelringe, 4 Eßl. Möhrenscheiben, 4 Eßl. Kümmel, 1/2 l Fleischbrühe, 4 Scheiben magerer Speck

Vom Krautkopf die äußeren Blätter wegnehmen und den harten Stunk herausschneiden. Dann den Kopf in Salzwasser legen, daß er bedeckt ist, und 10 Minuten kochen. Herausnehmen, kalt abschrecken, abtropfen lassen. Die großen Blätter unbeschädigt entfernen, etwas abtrocknen und die harten Rippen herausschneiden. 4 große Krautblätter auf das mit Salz bestreute Brett legen, etwas kleinere Blätter auf die großen verteilen, mit etwas Salz und Kümmel bestreuen. Zur Füllung Fleisch und die gut ausgedrückten Brötchen in eine Schüssel geben. Zwiebeln mit Petersilie in Butter andünsten, dazugeben. Würzen und die Milch von den eingeweichten Brötchen zufügen, alles gut vermischen. Die Füllung gleichmäßig auf die Krautblätter verteilen, etwas

länglich formen. Krautblätter so über das Fleisch schlagen, daß die Füllung ringsum gut eingeschlossen ist. Ziemlich stramm zusammenrollen. In einer Pfanne, die alle Rouladen aufnehmen kann, die Zwiebel- und Möhrenscheiben 5 Minuten andünsten, heiße Fleischbrühe darübergießen, die Rouladen hineinlegen und auf jede 1 Speckscheibe geben. Zugedeckt in der heißen Backröhre langsam 20–25 Minuten dünsten. Mit der Bratengabel probieren, ob das Fleisch gar ist. Zum Schluß die Rouladen noch 3 Minuten lang ohne Deckel im Ofen Farbe annehmen lassen.
Beilage: Salzkartoffeln und angebratene Schinkenwurstscheiben.

Filder-Sauerkraut

4 Personen *Für Erika mit Trauben.*

50 g Schweineschmalz, 8 Eßl. Zwiebelstreifen, 2 Äpfel, geschält, entkernt, in Scheiben, 250 g ungeräucherten oder gepökelten Schweinebauch, 500 g Fildersauerkraut, Salz, Zucker, 5 Wacholderbeeren – 1 gespickte Zwiebel, ½ l kochendes Wasser

Im heißen Schmalz die Zwiebeln und Äpfel hell anbraten. Sauerkraut, locker gezupft, daraufgeben, würzen, mit der Bratengabel umrühren und kochendes Wasser darübergießen, damit das Kraut hell bleibt. Schweinefleisch dazulegen und zugedeckt langsam kochen lassen, bis es weich ist; d.h. es soll nicht zu weich werden, damit es beißbar bleibt. Abschließend einen Schluck Weißwein dazugießen.
Zur Abwechslung kann man ins Kraut entkernte Weintrauben, Ananasstückchen, Aprikosen- oder Pfirsichwürfel hineinrühren.

Spargel aus Schwetzingen oder vom Bodensee

Zutaten (pro Kopf):

500 g frischen, daumendicken Spargel, sorgfältig geschält, Wasser, etwas Salz – 1 Prise Zucker

Spargel, möglichst frisch gestochen, sofort schälen und zu 500 g bündeln, mit Bindfaden zusammenbinden. Gewürztes Wasser sachte kochen und Spargel hineinlegen; das Wasser darf nur lächeln, nicht stark kochen. Kochdauer je nach Dicke 15 Minuten. Der Spargel muß noch beißbar sein, darf also nicht schlaff gekocht werden. Abgetropft sofort auf warmer Platte anrichten und zerlassene Butter, auf Stövchen warm gestellt, als Beilage reichen sowie Flädle (s. S.15).

Gefüllte Spargel

Morg'ma on Pfingsten! 4 Personen

12 dicke Stangen Spargel, gekocht, kalt, 100 g Pökelzunge, abgezogen, gekocht, durch die feine Scheibe des Wolfes gedreht, 100 g Huhn, gekocht, kalt, Fleisch ebenfalls durchgedreht, Salz — weißer Pfeffer, 1 Ei, 4 Eßl. Semmelbrösel, 1 Eßl. feingehackte Petersilie

Aus dem durchgedrehten Fleisch, den Gewürzen, Ei und Semmelbröseln eine Füllung machen.
Die Spargelstangen der Länge nach aufschneiden und mit einem Kaffeelöffel vom Kopf her zu den Enden etwas vom Innern der Spargelstangen herausschaben. Wenig salzen und mit der Füllung so füllen, daß die andere Hälfte passend darauf gelegt wird. Die gefüllten Stangen quer in der Mitte durchschneiden, in aufgeschlagenem Ei drehen und in Semmelbröseln sorgfältig panieren. In zerlassener Butter rasch goldgelb ringsherum backen.
Beilage: Kopfsalat.

Spargelsud zum trinken

In den Spargelsud wenige Körnchen Suppenwürze geben und in Suppentassen zum Stangenspargel auf den Tisch bringen.

Saure Kartoffelrädle (Rädle = Scheiben)

4 Personen

50 g Butter oder Schmalz, 8 Eßl. Zwiebelwürfel, 4 Eßl. Mehl, 5 Eßl. Apfelessig, 2 Eßl. Senf, ½ l Fleischbrühe, 1000 g Kartoffelscheiben, gekocht, kalt, Salz – Suppenwürze

In der heißen Butter die Zwiebelwürfel andünsten, mit Mehl bestäuben und etwas bräunen. Mit Apfelessig ablöschen und mit Senf verrühren. Fleischbrühe auffüllen und einmal aufkochen. Die Kartoffelscheiben dazu schütten, umrühren und noch einmal aufkochen.

Als Beilage zu Siedfleisch (gekochtes Rindfleisch).

Frische Pfifferlinge

4 Personen   *selber g'suachtn!*

500 g frische Pfifferlinge, 20 g Butter, 4 Eßl. Zwiebelwürfel, 4 Eßl. frische Petersilie, fein gewiegt, Salz – weißer Pfeffer

Die geputzten Pilze kalt waschen, wenn nötig mehrfach, damit keine Tannennadeln mehr dazwischen sind, größere Pilze zerschneiden, auf Durchschlag abtropfen lassen.

In heißer Butter die Zwiebeln andämpfen, Pfifferlinge dazugeben, wenig salzen und zugedeckt sachte dünsten. Nach 10 Minuten sind sie fertig, dann pfeffern und mit frischer Petersilie bestreuen.

Kopfsalatsauce

4 Eßl. Weinessig, 4 Eßl. Öl, etwas Senf, Salz – weißer Pfeffer, 2 hartgekochte, feingehackte Eier, 5 Eßl. saurer Rahm

Alle Zutaten miteinander vermischen, über den Kopfsalat gießen und rasch durchmischen.

Sonnenrädle-Salat

4 Personen

400 g Sonnenrädle (Acker- oder Feldsalat), verlesen, kalt gewaschen, abgetropft, 5 Eßl. feine Zwiebelwürfel, Salz – weißer Pfeffer – 1 Prise Zucker, 6 Eßl. Apfelessig, 4 Eßl. Wasser, 6 Eßl. Öl

Salatsauce mischen, Zwiebeln dazugeben und die Sonnenrädle daruntermengen. Sofort auf den Tisch bringen.

Rettich- und Gurkensalat

4 Personen

Und Spörtzle !

400 g Rettiche, geschält, in dünne Scheiben geschnitten, 400 g frische Salatgurke, geschält, in dünnen Scheiben, 4 Eßl. Zwiebelwürfel oder -streifen, Salz – weißer Pfeffer – 1 Prise Zucker, 5 Eßl. Apfelessig, 3 Eßl. Wasser, 6 Eßl. Öl

Alle Zutaten miteinander mischen und den Salat gekühlt auf den Tisch bringen. Man kann Schnittlauch, feingeschnitten, oder Dillspitzen darüberstreuen.

Gurkensalat mit Borretsch

Gurkensalat wie üblich anmachen, aber feine Borretschstreifen nicht vergessen. Sie verhindern, daß sich die Gurke noch nach 3 Stunden meldet.

Apfelsalat

Geschälte, entkernte Äpfel fein würfeln oder in Streifen schneiden, ein wenig zuckern und salzen. Mit Zitronensaft beträufeln und mit dicker Mayonnaise leicht binden.
Abwechslung: Die Apfelwürfel mit Remouladensauce, Senfmayonnaise oder Tomatenketchup-Mayonnaise vermischen.

Schwäbischer Kartoffelsalat

4 Personen

1500 g Kartoffeln (Salatkartoffeln, die speckig sein müssen, damit sie nicht zerfallen), Salz – 1 Prise Zucker – weißer Pfeffer, 5 Eßl. Zwiebelwürfel, 5 Eßl. Apfelessig, 1/8 l Fleischbrühe, 5 Eßl. Öl

Kartoffeln in der Schale kochen und, wenn sie weich sind, abgießen und mit kaltem Wasser abschrecken, so lassen sie sich leichter schälen. Die warmen Kartoffeln so dünn wie möglich in Scheiben schneiden – »Rädle« heißt das hier. Noch warm die Kartoffelscheiben würzen mit Salz, Zucker und Pfeffer und mit Zwiebeln, Essig und der kochenden Fleischbrühe, die hell sein muß, damit der Kartoffelsalat auch hell bleibt, durchmischen. Nicht mit einem Holzlöffel rühren, sondern die Schüssel schütteln. Zudecken und 20 Minuten ziehen lassen. Nun saugen sich die Kartoffelscheiben mit der Flüssigkeit voll und werden saftig. Jetzt erst das Öl dazugeben und mischen.

Schwäbischer Kartoffelsalat ist der saftigste und schmackhafteste in ganz Deutschland.

Da man zum sonntäglichen Schweinebraten mit Spätzle auch saftigen Kartoffelsalat braucht, gießt man vom warmen Spätzlewasser etwas über die Kartoffelscheiben, damit er noch glänzender wird und rutschiger.

Zum Schneiden der warmen Kartoffeln kann man auch die Drahtharfe des Eierschneiders nehmen. Allerdings gibt es dickere Scheiben, geht aber rascher.

Zur Abwechslung kann man unter den Kartoffelsalat Rettich-, frische, geschälte oder ungeschälte Gurken-, Tomaten-, Karotten-, saure Gurken-, Senfgurken- oder gekochte Karottenscheiben mischen, auch einige hauchdünne Apfelscheiben von geschälten und entkernten sauren Früchten.

Kartoffelsalat von geriebenen Kartoffeln

Man verfährt wie beim üblichen Kartoffelsalat, nur reibt man die gekochten Kartoffeln auf einer Raffel. Weitere Zubereitung wie beschrieben.

Die Schwaben lieben ihren Kartoffelsalat frisch, weil er so am besten schmeckt.

Über den Kartoffelsalat:

»Als der Gog Frieder in Tübingen nachts gegen 1 Uhr aus der Wirtschaft heim kam, holte er sich den Kartoffelsalat aus dem Rohr. Als er anfing zu essen, bruttelte er in seinen Bart: »Der isch aber furztrocke!« Sein Weib, die Lina, war aufgewacht und schrie ihn an: »Wärscht bälder komme, da war er seichnaß!«

Notizen & weitere Rezepte:

fig · 9　　　　　　　**Gsälz (Marn**

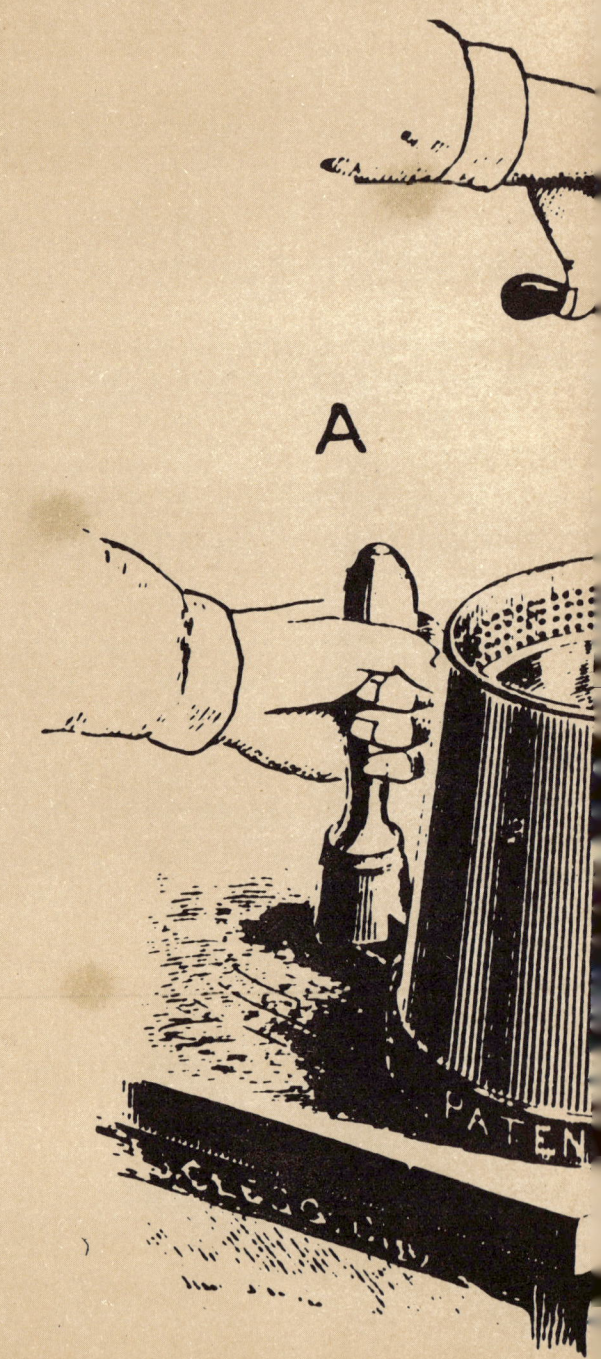

A

Stachelbeermarmelade oder -gsälz

1 kg Stachelbeeren, gewaschen, abgezupft, 500 g feiner Zucker

Beeren durch den Wolf drehen. Das Fruchtmark weichkochen (Vorsicht, Stachelbeeren brennen leicht an). Den Zucker zugeben und das Gsälz kochen bis zur Gelierprobe. Heiß in Gläser füllen und mit Einmachhaut, die in Schnaps getränkt wurde, bedecken. Luftdicht verschließen wie Rhabarbermarmelade.

Schnelle Himbeermarmelade

1 kg Himbeeren, 1 kg feiner Zucker, 2 Zitronensäfte, 1 Normalflasche Geliermittel

Himbeeren verlesen und zerdrücken. Fruchtbrei mit Zitronensaft und Zucker vermischen. Vom sprudelnden Kochen an 10 Sekunden durchkochen, gut umrühren, Geliermittel zufügen und weitere 5 Sekunden wallend kochen. Noch heiß in Gläser füllen und mit Zellglaspapier verschließen wie Rhabarbermarmelade.

Johannisbeermarmelade, schwarz, weiß, rot

2125 g Johannis- oder Träubelesbeeren, kalt gewaschen, abgezupft, 2500 g Zucker, 1 Normalflasche Geliermittel

Beeren mit Zucker kochen, dabei mit einem Holzlöffel rühren. 10 Sekunden sprudelnd kochen, Geliermittel zufügen und weitere 5 Sekunden kochen. In Gläser füllen wie Rhabarbermarmelade.

Für Pastor, der isch schlecht wia a Goiss!

Apfelmarmelade

5 kg Äpfel, geschält, entkernt, kleingeschnitten, 2 kg Zucker, 1 Zitronenschalenabgeriebenes, 2 Stück Zimt – 4 Nelken

Die Apfelstücke mit dem Zucker vermischen, die Gewürze beifügen und zugedeckt 2 Tage kühlstellen. Ab und zu umrühren, dann alles zu einem steifen Mus kochen, heiß in Gläser füllen und sorgfältig mit Zellglaspapier verschließen wie Rhabarbermarmelade.

Erdbeermarmelade

1500 g Erdbeeren, rasch kalt gewaschen, abgezupft, 1875 g Zucker, 5 g kristallisierte Zitronensäure (aus Drogerie oder Apotheke), 1 Normalflasche Geliermittel

Die Früchte zu Mus zerdrücken und im großen, nur halb gefüllten Topf mit Zucker und Zitronensäure kochen. Mit einem Holzlöffel rühren. Sprudelnd 10 Sekunden kochen. Geliermittel zufügen und weitere 5 Sekunden sprudelnd kochen. In Gläser füllen wie die Rhabarbermarmelade.

Rhabarbermarmelade

Rhabarber aus Oma's Garten.

1500 g Rhabarber, 2000 g Zucker, 4 Eßl. frischer Zitronensaft, 1 Normalflasche Geliermittel

Rhabarber kalt waschen, ungeschält in 2 cm lange Stücke schneiden und zuerst mit 250 g Zucker sachte zu Mus kochen. Dann den restlichen Zucker hinzufügen, kochen, dabei mit Holzlöffel rühren. Sprudelnd weitere 10 Sekunden kochen. Geliermittel und Zitronensaft hineinrühren und nochmals 5 Sekunden sprudelnd kochen. In angewärmte Gläser füllen. Auf die erkaltete Marmelade ein rundes Zellglasblatt legen, das vorher in 54 prozentigen Rum getaucht wurde. Glas mit Zellglaspapier zubinden und Etikett mit Datum aufkleben.

Rhabarber-Erdbeer-Marmelade

750 g Erdbeermus (wie zur Erdbeermarmelade), 750 g Rhabarbermus (wie zur Rhabarbermarme-

lade), 2000 g Zucker, 5 g kristallisierte Zitronen-säure, 1 Normalflasche Geliermittel

Fruchtmus zusammen mit Zucker und Zitronensäure kochen. Mit einem Holzlöffel dabei rühren. 10 Sekunden sprudelnd kochen. Geliermittel zufügen und weitere 5 Sekunden kochen. In Gläser füllen wie Rhabarbermarmelade.

Tomatenmarmelade

2 kg reife Tomaten, 2 Zitronensäfte, 1 Päckchen Geliermittel, 800 g Zucker

Tomaten waschen, entstielen und zerschneiden. Ohne Wasser auf kleiner Flamme kochen und durch ein Sieb passieren. 1 kg Mark abwiegen, mit den Zitronensäften in einen größeren Topf geben und Geliermittel untermischen. Dann kochen und umrühren, Zucker zugeben, noch ½ Minute sprudeln lassen und heiß in Gläser füllen. Mit Zellglaspapier zubinden wie Rhabarber-marmelade.

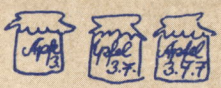 ## Apfelgelee

1 kg Reinetten. Auf ³/₈ l Saft 500 g Zucker rechnen

Äpfel schälen, entkernen und vierteln. Schalen mit den Apfelstücken mit kaltem Wasser bedecken und sachte kochen. Sind die Äpfel weich, alles auf ein Tuch schütten, das über den umgedrehten Schemelbeinen festgebunden ist. Saft ablaufen lassen ohne zu rühren oder zu drücken. Dann Saft abmessen, Zucker dazugeben und sachte kochen lassen, bis zur Gelierprobe. (Auf eine Untertasse einige Tropfen Gelee geben und kaltstellen). Heißes Apfelgelee in vorbereitete Gläser füllen und wie üblich verschließen.

Zwetschgen in Essig und Zucker

1,5 kg Zwetschgen, gesunde Früchte, ¼ l Kräuteressig, ⅛ l Wasser (besser Rot- oder Weißwein), 750 g Zucker, 1 Stück Zimt – 3 Nelken – ½ Lorbeerblatt

Die Früchte trockenreiben und bis zum Kern aufschneiden. Zuckeressig kochen: Kräuteressig mit Wasser oder Wein, Zucker und den Gewürzen einmal aufkochen. Die Zwetschgen hineingeben, einmal aufwallen lassen. Mit einer Schaumkelle die Zwetschgen herausnehmen und in einen Steinguttopf füllen. Den Zuckeressig noch etwas eindicken und über die Zwetschgen gießen. Wer ganz sicher gehen möchte, mische noch ½ Päckchen »Einmachhilfe« darunter. Über die erkalteten Zwetschgen Zellophanpapier decken, das vorher in Branntwein oder Zwetschgenwasser getaucht wurde. Gläser oder Töpfe zubinden.

Süßsaure Birnen

für 3 Gläser à 1 l Inhalt

2,5 kg Williams-Christ-Birnen, leichtes Essigwasser, 5 Nelken – ½ Stange Zimt – 1 Zitronenspirale, unbehandelt, 1 l Wein- oder Apfelessig, ¼ l Wasser, 1 kg Zucker

Birnen waschen, schälen, der Länge nach halbieren, entkernen und in Essigwasser legen, damit sie weiß bleiben. Essig, Zucker und Wasser mit den Gewürzen kochen, Birnen hineinlegen und sachte weich kochen, so daß sie noch einen Biß behalten. Birnen in vorbereitete Gläser oder Tontöpfe legen, Zuckeressig etwas einkochen lassen und heiß über die Birnen gießen. 3 Tage später Zuckeressig abgießen, aufkochen, 3 Minuten lang, und wieder heiß über die Birnen gießen. Gläser mit Zellophanpapier verschließen und kühl aufbewahren.

Schmeckt gut zu Wild!

Süßsaurer Kürbis

für 4 1-l-Gläser

*2 kg geschälte, entkernte Kürbiswürfel, 1 l Wein-
essig, ¹/₄ l Wasser, 625 g Zucker, 8 Nelken–1 Stück
Stangenzimt – 2 Eßl. Senfkörner*

Die Kürbiswürfel in die vorbereiteten Gläser füllen. Essig, Wasser, Zucker und Gewürze aufkochen und über die Kürbiswürfel
gießen. Gläser verschließen und bei 98° ca. 35 Minuten im
Backofen oder im Einwecktopf einkochen.

Zucker-Essig-Gurken

für 3 1-l-Gläser

*2 kg Gurken, ¹/₂ l Essig, 750 g Zucker, 1 Stück
Stangenzimt – 20 Pfefferkörner*

Gurken waschen, schälen, entkernen und in fingerdicke Streifen
oder Würfel schneiden. Essig mit Zucker und Gewürzen aufkochen, Gurken darin 15 Minuten sachte kochen, bis sie glasig
sind. Gurken in vorbereitete Gläser füllen und Zuckeressig heiß
darübergießen. 3 Tage später Flüssigkeit abgießen, 3 Minuten
aufkochen und wieder über die Gurken gießen. Gläser mit Zellophanpapier verschließen und kühl aufbewahren.

*Gurken auf dem Markt
holen!*

Notizen & weitere Rezepte:

fig · 10

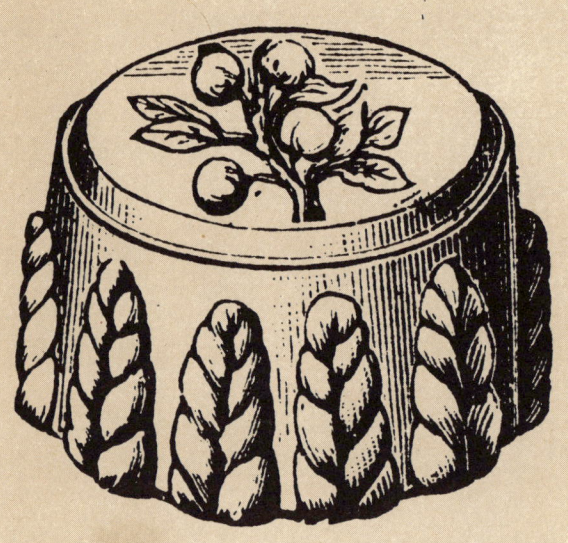

Dampfnudla

750 g Mehl, 60 g Hefe, 2 Eßl. Zucker, 100 g zerlassene Butter, 3 Eier, 1 Prise Salz, 5 Eßl. Zucker, 1/8 l lauwarme Milch

In das küchenwarme Mehl in einer Tonschüssel ein Loch formen und mit etwas lauwarmer Milch, Zucker und Hefe den glatten Vorteig rühren. Mit Mehl bestreuen und zugedeckt gehenlassen. Dann die Eier, Salz, Zucker und Butter darunterkneten und den Teig so lange schlagen, bis er sich von der Schüssel löst und glatt ist. Leicht mit Mehl bestäuben und zugedeckt aufgehenlassen. Dann den Teig auf gemehltem Brett zusammenschlagen und daumendicke, runde Scheiben mit einem Weinglas von 5–8 cm Durchmesser ausstechen und nochmals aufgehenlassen.
Inzwischen in einer eisernen Bratpfanne 1/4 l Wasser mit 20 g Butter und 2 Eßl. Zucker kochen, die aufgegangenen Teigstücke hineinsetzen, zudecken und sachte auf mildem Feuer backen, bis sie krachen.

Ofaschlupfer

4 Personen

125 g Mehl, 4 Eier, 8 altbackene Brötchen, in Scheiben geschnitten, 1/4 l Milch, Zucker – Zimtpulver, 1 Teel. Backpulver, 50 g Sultaninen, 500 g Äpfel, geschält, entkernt, in Scheiben geschnitten

Die Brötchen in 1/8 l Milch einweichen.
In eine gebutterte Auflaufform lagenweise Brötchen, Äpfel, Sultaninen, Zimt und Zucker füllen, abschließend Brötchen. In der restlichen Milch das Mehl, die Eier, 1 Prise Salz, Backpulver und Zucker verrühren und über die Brötchen gießen. Butterflocken darauf setzen und in der Röhre bei 200° ca. 60 Minuten backen.
Beilage: Kompott, je nach Jahreszeit.
Anstelle der Äpfel können auch Backpflaumen, Pfirsiche oder Kirschen genommen werden, dann nennt man ihn »Kirschenmichel«.

Süße Milchknöpfle

4 Personen

¹/₂ l Milch, 30 g Butter, 1 Prise Salz, 125 g Mehl,
6 Eier.
1 l Milch zum Kochen, 3 Eigelb, 50 g Zucker,
1 Päckchen Vanillezucker

Zum Teig Milch mit Butter und Salz kochen und das Mehl hinzufügen. So lange rühren, bis sich der Teig glatt vom Topf löst. Teig etwas auskühlen lassen. Dann die Eier darunterstechen und rühren mit einem Holzlöffel. Inzwischen die Milch in einem breiten Topf kochen, mit einem Teelöffel aus dem Teig Klößchen formen und in die kochende Milch legen. Langsam etwa 5 Minuten kochen, dann 5 Minuten noch ziehen lassen. Die fertigen Milchknöpfle aus der Milch nehmen und in eine Schüssel legen.
Die drei Eigelb mit 4 Eßl. kalter Milch vermischen und unter die heiße Milch rühren, die nun mit Zucker und etwas Vanillezucker gesüßt wird. Diese Milch darf nicht mehr kochen; sie begleitet die Milchknöpfle als süße Sauce.

Zwetschgenknöpfle

4 Personen

probieren!

500 g Zwetschgen, entsteint, halbiert, 300 g Weiß-
brotwürfel, ¹/₄ l Wasser, 3 Eßl. Mehl, 3 Eier, 1 Prise
Salz, Schmalz zum Ausbacken

Weißbrotwürfel mit Wasser übergießen und eine Weile ziehen lassen. Ausdrücken, mit Mehl, Salz und Eiern vermischen und die Zwetschgen dazumengen. Mit einem Eßlöffel jeweils ein eigroßes Stück abstechen und im heißen Schmalz goldgelb backen.
Wer sie süß möchte, streut Zucker darüber.

Brandteigkräpfle

*¹/₄ l Milch, 1 Prise Salz, 60 g Butter, 30 g Zucker,
250 g Weizenmehl, 6 Eier, Fett zum Backen*

In die kochende Milch mit Salz, Butter und Zucker rührt man
das Mehl mit einem Holzlöffel und rührt so lange, bis sich der
Teig vom Topf löst. Dann rührt man mit einem Holzlöffel 1 Ei
nach dem anderen darunter. Den fertigen Teig sticht man mit
einem Suppenlöffel klößchenweise wie Grießnocken in heißes
Fett und läßt sie rösch backen. Ab und zu am Topf rütteln. Fertige Kräpfle legt man zum Abtropfen auf ein Sieb und bestreut
sie dann dick mit Puderzucker.
Zu der warmen Süßspeise gibt man Apfelmus oder Kompott.

Fasnetsküchle

*500 g Mehl, 80 g Butter, 50 g Zucker, 2 Eier,
1 Prise Salz, 20 g Hefe, ¹/₄ l Milch, Fett zum Bak-
ken*

Mit einem Vorteig macht man einen üblichen Hefeteig an, und
nachdem er gegangen ist, nimmt man ihn aus der Schüssel auf
ein leicht gemehltes Brett. Man rollt fingerdicke Stücke daraus
und schneidet sie in schräge Vierecke (Rauten), je Stück etwa
20 g schwer. Man läßt sie nochmals gehen, und aufgegangen legt
man sie in heißes Fett und bäckt sie goldbraun. Fertig dreht man
sie in Zucker oder Zimtzucker und ißt sie mit Apfelkompott
oder am Nachmittag zum Kaffee.

Pfitzauf

*250 g Mehl, ¹/₂ l Milch, 4 Eier, Salz, 2 EL zer-
lassene Butter, 1 EL Zucker*

Aus Mehl, Milch, Eiern, Salz und nach Belieben etwas Zucker
einen Teig rühren. Zuletzt die zerlassene Butter einquirlen.
Die Pfännchen der Pfitzaufform fetten und zur Hälfte mit Teig
füllen. Bei guter Hitze im Rohr 25 Min. hellbraun backen, das
Rohr aber nie öffnen! Der Pfitzauf wird überzuckert mit Kompott gereicht.

Ofaschlupfer

4 Personen

6 halbgetrocknete Brötchen, in dünnen Scheiben,
50 g Zucker, 100 g Sultaninen, 100 g grob gehackte
Mandeln, 5 Eier, 1/2 l Milch, 50 g Butter

Eine gebutterte und mit Weckmehl ausgestreute Puddingform lagenweise füllen mit Brötchenscheiben, Zucker, Sultaninen und Mandeln. Den Schluß müssen Brötchen bilden. Milch mit Eiern verrühren und darübergießen. Weckmehl daraufstreuen und die Butter darüber verteilen. Form verschließen und in Wasser langsam kochen. Kochzeit 1 Stunde.
Beilage: eingemachte Früchte oder Apfelmus.

Schwäbische Waffeln

125 g Butter oder Margarine, 1–2 gut gehäufte Eßl.
Zucker, 1 Päckchen Vanillinzucker, 3 Eier, 200 g
Weizenmehl, 50 g Gustin, 2 gestr. Teel. Backpulver,
etwa 1/4 l Milch, Speckschwarte oder etwas Öl zum
Backen, Puderzucker zum Bestäuben

Das Fett schaumig rühren und nach und nach Zucker, Vanillinzucker und die Eier hinzugeben. Das mit Backpulver und Gustin gemischte und gesiebte Mehl abwechselnd mit der Milch unterrühren; soviel Milch verwenden, daß der Teig gerade anfängt, dünnflüssig zu werden. Den Teig in nicht zu großer Menge in ein gut erhitztes und gefettetes Waffeleisen füllen und von beiden Seiten goldbraun backen. Die Waffeln einzeln auf einem Drahtrost erkalten lassen, mit Puderzucker bestäuben und möglichst frisch essen, da sie im allgemeinen schnell weich werden. Man kann sie gegebenenfalls noch einmal kurz im Waffeleisen erhitzen.

Waffeleisen von Oz Doro holen!

105

Apfelschnee

4 Personen

8 Äpfel, 2 Eiweiß, 125 g Zucker, 12 Makrönchen

Die geviertelten Äpfel zugedeckt in der warmen Backröhre bei 200° weichkochen. Noch warm die Äpfel durch ein Sieb drücken und ausgekühlt mit etwas Vanillezucker würzen. Eiweiß zu festem Schnee schlagen, Zucker darunter mischen und den kalten Apfelbrei. Alles zusammen noch 10 Minuten mit dem Schneebesen schaumig schlagen. Apfelschnee in eine Glasschale füllen und den Rand mit Makrönchen schmücken.

War früher mein Leibspeis!

Notizen & weitere Rezepte:

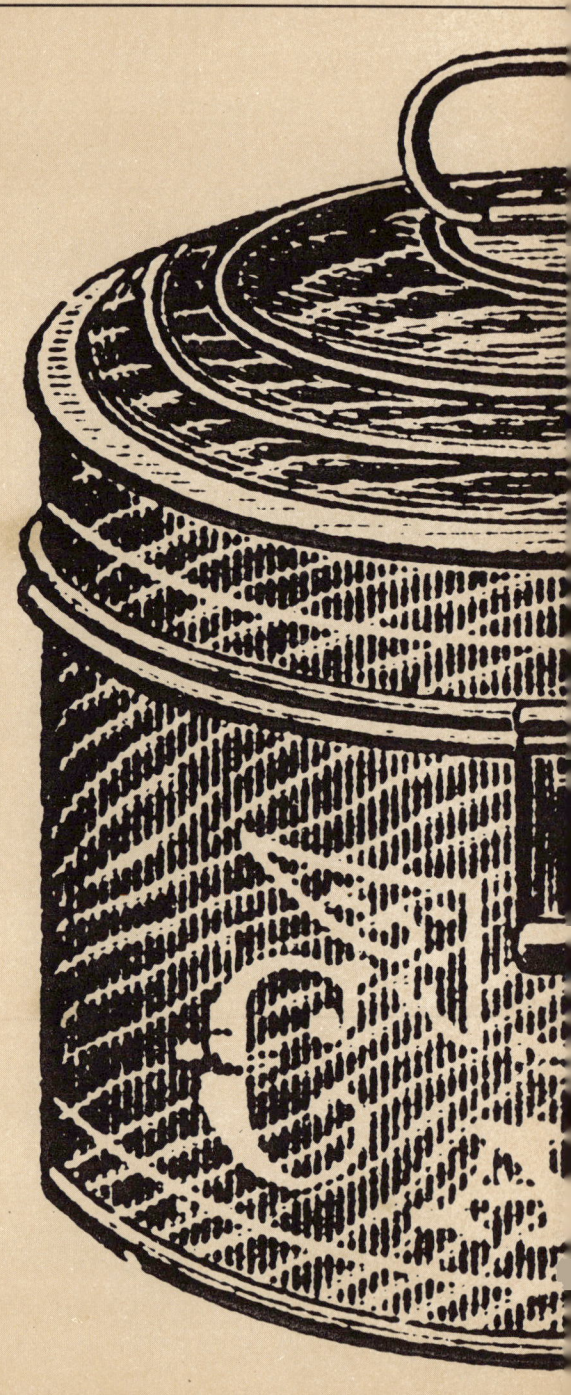

Kuchen und Gebäck

Apfelstrudel
12 Portionen

350 g bestes Weizenmehl, 1 Ei, 1 Prise Salz, 1 Eßl. Öl, ¼ l lauwarmes Wasser, 4 Eßl. Mehl zum Bearbeiten, Öl zum Bestreichen.
Füllung: 100 g Butter, zerlassen, lauwarm, 150 g Semmelbrödel, in etwas Butter leicht angeröstet, 2 kg Äpfel, geschält, entkernt, in feinen Streifen, 70 g Rosinen, 1 Prise gemahlener Zimt – 1 Prise Nelken, 150 g Zucker, ½ Zitronensaft, 1 Eßl. Rum, ⅛ l steife Schlagsahne ohne Zucker.
Staubzucker zum Bestreuen, 100 g zerlassene Butter zum Beträufeln

Das gesiebte Mehl auf dem Backbrett zu einem Kranz formen und in die Mitte Salz, Ei, Öl und Wasser geben. Von innen her die Feuchtigkeit mit dem Mehl zusammenwirken, den Teig dann so bearbeiten, daß er sich vom Brett und den Händen löst. Aus dem Teig eine Kugel formen, auf eine mit Mehl bestreute Stelle des Brettes legen, damit der Teig keinen Riß bekommt. Dann 20 Minuten ruhen lassen. Einen Tisch mit einem Tuch bedekken, das Tuch mit Mehl bestäuben, den Teig in die Mitte legen, dann mit einem Wellholz leicht ausrollen. Die Oberfläche mit Öl bestreichen und den Teig mit bemehltem Handrücken so ausziehen, daß der ganze Tisch damit überdeckt ist. Er muß so dünn sein, daß man fast eine Zeitung durch ihn lesen kann. Den Teig mit zerlassener Butter beträufeln, die eine Längsseite mit den angerösteten Bröseln bestreuen, darüber die Apfelschnitze, dann die Nüsse, Rosinen, Zucker, Zimt, Zitronensaft und den Rum geben. Diesen Apfelhügel mit zerlassener Butter beträufeln, die Schlagsahne gleichmäßig darauf verteilen, den übrigen Teig mit Hilfe des Tischtuches über die ganze Füllung rollen und das Mehl mit einem Pinsel leicht abbürsten. Die Füllung sollte stramm eingerollt sein. Den Strudel, wenn nötig, in 3 gleiche Teile schneiden, auf ein gut gefettetes Backblech legen, mit Butter bestreichen und im Backofen bei mittlerer Hitze etwa 30–40 Minuten backen. Ab und zu mit Butter überpinseln, dies wiederholen, bevor der Strudel serviert wird, und mit Puderzucker dick bestäuben.

Apfelstrudel ist ein Hochgenuß – warm oder kalt.

Apfelkuchen mit Rührteig

Rührteig: 4 Eigelb — 4 Eiweiß, mit wenig Zucker zu festem Schnee geschlagen, 150 g Puderzucker, 125 g Butter oder Margarine, 2 Päckchen Vanillinzucker, 60 g Stärkepuder, vermischt mit 70 g Mehl und 1 Prise Backpulver.
Belag: 1 kg mürbe Äpfel, Zitronensaft, 4 Eßl. Rosinen.

Eigelb mit Zucker schaumig rühren, die erwärmte Butter und nach und nach das mit Stärkepuder und Backpulver vermischte Mehl zufügen. Zuletzt den steifen Eischnee darunterheben und eine gefettete Springform bis zur Hälfte mit der Masse füllen.
Die Äpfel schälen, vierteln, entkernen, die gewölbte Seite fein einschneiden und mit Zitronensaft beträufeln, damit die Äpfel weiß bleiben. Dann die Äpfel auf den Rührteig in der Springform verteilen. Bei Mittelhitze ca. 30 Minuten lang backen, nach 10 Minuten die Rosinen darüberstreuen und nach dem Backen, wenn der Kuchen beinahe ausgekühlt ist, mit Zuckerguß glasieren.

Apfeltorte

Zutaten: 500 g Äpfel, geschält, entkernt, in fingerdicke Scheiben geschnitten, 50 g Rosinen, 1 Zitronenschalenabgeriebenes, 1 Teel. Zimtpulver.
Guß: 1/8 l süße Sahne, 100 g Puderzucker, 50 g Mehl, 3 Eier

Auf den Teig die Apfelscheiben legen, etwas zuckern und mit Zitronenschale und Zimt bestreuen. Die Rosinen darauf verteilen.
Zum Guß in der Sahne das Mehl mit einem kleinen Schneebesen verrühren, Zucker beifügen und die Eier darin glattschlagen. Den Kuchen im heißen Backofen bei 200° etwa 10 Minuten backen, dann erst den Guß gleichmäßig darauf verteilen und noch 30 Minuten backen. Auf die kalte Torte Puderzucker streuen.
Auf diese Weise kann man fast alle Obstsorten in Torten verzaubern.

111

Zwetschgakucha mit Hefeteig

Zutaten (für ein normales Backblech): 2,5 kg Zwetschgen.
Hefeteig: 500 g Mehl, 1 Prise Salz, 100 g Zucker, 1/4 l lauwarme Milch, 50 g Butter, lauwarm, flüssig, 20 g Hefe

Mehl in einer Tonschüssel in der Mitte zum Brunnen formen, Hefe mit einer Prise Zucker und 5 Eßl. lauwarmer Milch zum Vorteig (Hefel) rühren. Zugedeckt gehenlassen, bis er überquillt. Butter an den Rand der Schüssel gießen, Zucker und Salz dazustreuen und die lauwarme Milch darübergießen. Vom Hefel aus dem Teig zusammenkneten und so lange schlagen, bis er sich von der Schüssel löst und Blasen wirft. Teig zusammenkneten, Schüssel leicht mehlen und Teig hineinlegen. Zudecken und warten, bis er sich verdoppelt hat.

Auf einem leicht gemehlten Backbrett zusammenschlagen und gleichmäßig dünn ausrollen in der Größe des Bleches. Erst zur Hälfte, dann zum Viertel zusammenschlagen und auf das gefettete Blech legen. Erst ein Viertel aufklappen, dann die Hälfte auf die freie Blechseite klappen, so daß der Teig gleichmäßig dünn über das ganze Blech verteilt ist. Bitte ein Backblech nehmen, wo eine schmale Seite offen ist, dann läßt sich der fertig gebackene Kuchen leicht vom Blech auf ein Brett schieben. Zusammengelegte Alufolie als Schiene an die offene Seite vor den Teig stellen, damit der Saft nicht in den Ofen laufen kann.

Zwischen Teig und Früchten:

Auf den Teig 250 g Semmelbrösel streuen, damit der Zwetschgensaft nicht in den Teig sickern kann. Dann die entsteinten, längs geschnittenen Zwetschgen sorgfältig auf den Teig stellen, damit möglichst viele darauf gehen. Den belegten Teig in den vorgeheizten Backofen auf Mittelschiene schieben und bei 250° ca. 35 Minuten backen. Erst den fertigen Kuchen mit Zimtzucker bestreuen, weil die Früchte, vorher gezuckert, zuviel Saft ziehen würden. Den fertigen Kuchen sofort auf ein Brett schieben. Wenn nämlich Zwetschgensaft mit Blech in Berührung kommt, fängt der Kuchen an zu blecheln und schmeckt dann nicht mehr gut.

Oma's Art:

100 g Semmelbrösel mit 100 g Zucker und 100 g gemahlenen Haselnüssen mischen, 8 Eßl. Zwetschgenwasser dazumengen und wie Streusel auf den belegten Zwetschgenkuchen verteilen. Dann erst backen.

Zwetschgenkuchen mit Mürbteigboden

1 kg Zwetschgen.
Teig: 200 g Weizenmehl, 100 g Butter oder Marga-
rine, 50 g Zucker, 1 Prise Salz, 1 Ei

Mehl als Brunnen aufs Backblech geben, in die Mitte Butter, küchenwarm, mit Zucker, Salz und Ei geben, langsam die Zutaten zum Teig kneten und 30 Minuten ruhen lassen. Obsttortenform von 28–30 cm Durchmesser fetten. Teig dünn ausrollen und die Form belegen. 200 g Semmelbrösel darauf verteilen. Mit Gabel Löcher in den Teig stippen, damit er beim Backen keine Blasen wirft, und die vorbereiteten Zwetschgen darauf legen. Backzeit bei 250° ca. 30 Minuten.
Weitere Behandlung wie beim Zwetschgenkuchen mit Hefeteig.

Rhabarberkuchen

Teig: 150 g Margarine, 150 g Zucker, 3 Eier, 1
Prise Salz, 1 Zitronenschalenabgeriebenes, 1 Zitro-
nensaft, 220 g Mehl, gemischt mit 2 Teel. Backpul-
ver, 4 Eßl. Milch
Belag: 600 g geschälter Rhabarber, in 2 cm kurze
Stücke geschnitten und vermischt mit 200 g Zucker
und 1 Teel. Zimt

Margarine mit Zucker schaumig rühren, Eier und Gewürze dazugeben. Mehl nach und nach hineinrühren, schließlich die Milch. Teig gleichmäßig in gefettete Springform geben. Rhabarber darauf verteilen. Im mittelheißen Ofen 40–50 Minuten backen. Kalt mit Puderzucker bestreuen.

Rhabarberkuchen mit Rührteig

Rührteig wie beim Apfelkuchen.

1 kg geschälter Rhabarber, in 2 cm großen Stücken,
300 g Zucker, 4 Eßl. Weinbrand

Rhabarber mit Zucker vermischen und Weinbrand zufügen. Rührteig in einer Springform ausbreiten, die Rhabarbermischung darauf verteilen und den Kuchen bei Mittelhitze ca. 30 Minuten backen.

Sauerkrautkuchen

1 übliches Blech mit Teig belegt, wie beim Zwiebelkuchen.

Krautauflage: 1500 g Sauerkraut, ausgedrückt und
kleingehackt, 120 g Schweinefett, 100 g Zwiebel-
würfel, Salz – weißer Pfeffer, 1/8 l Milch, 5 Eßl.
Mehl, 1/8 l saurer Rahm, verrührt mit 3 Eiern

Im Fett die Zwiebeln hell andünsten, Kraut dazugeben und sachte etwa 15 Minuten dünsten. Dann die Milch, das Mehl, die Gewürze und die Eiersahne daruntermengen. Kraut gleichmäßig auf den Hefeteig verteilen und bei 250° ca. 15 Minuten goldbraun überbacken.
Der Kuchen wird warm gegessen.

Tütz's Müller, Dörfst trinken

Zwiebelkuchen zum neuen Wein

Teig: 500 g Mehl, 30 g Hefe, 1 Prise Zucker – 1
Prise Salz, 125 g Schmalz (Teig wird dadurch mür-
ber und zarter), 3 Eigelb, 1/4 l Wasser (keine Milch).
Zwiebelauflage: 1 kg Zwiebeln, in feinen Würfeln,
200 g magere Speckwürfel, Schmalz zum Anbraten,
5 Eier, 1/4 l saure Sahne, Salz – Kümmel

Zum Teig das vorgewärmte Mehl in eine Schüssel geben, in der Mitte eine kleine Mulde machen und die mit etwas lauwarmem Wasser und Zucker aufgelöste Hefe hineingießen. Mit etwas Mehl zu einem Teiglein rühren und diesen Vorteig zugedeckt gehenlassen. Das zerlassene Schmalz, Eigelb, Salz und das lau-warme Wasser dazugeben und alles zu einem glatten, festen Teig kneten, der sich von der Schüssel löst. Nochmals aufgehen lassen und fingerdick ausrollen. Auf ein rundes oder rechteckiges, ge-fettetes Blech legen, die Teigränder etwa 2 cm hoch andrücken und noch einmal gehenlassen.

Die Zwiebelwürfel in Schmalz hell weichdünsten und ³/₄ der Speckwürfel dazugeben. Etwas ausgekühlt auf den Teig vertei-len. Eier mit der sauren Sahne und etwas Salz verrühren und über die Zwiebeln gießen. Die restlichen Speckwürfel und etwas Kümmel darüberstreuen. In den mittelheißen Ofen schieben und ca. 30 Minuten goldgelb backen.

Flachswickel

500 g Mehl, 250 g Butter, 2 Eier, 20 g Hefe, 1 Prise Salz, Milch nach Bedarf, Zucker nur soviel, als zum Angehen notwendig ist, grober Zucker zum Aus-rollen

Hefeteig zubereiten und gehenlassen. Dann kleine Stückchen abschneiden, auf grobem Zucker rollen, in der Mitte dicker, zu den Enden hin dünner, und in die Form eines Flachswickels dre-hen. Nur noch wenig gehenlassen und hellgelb backen.

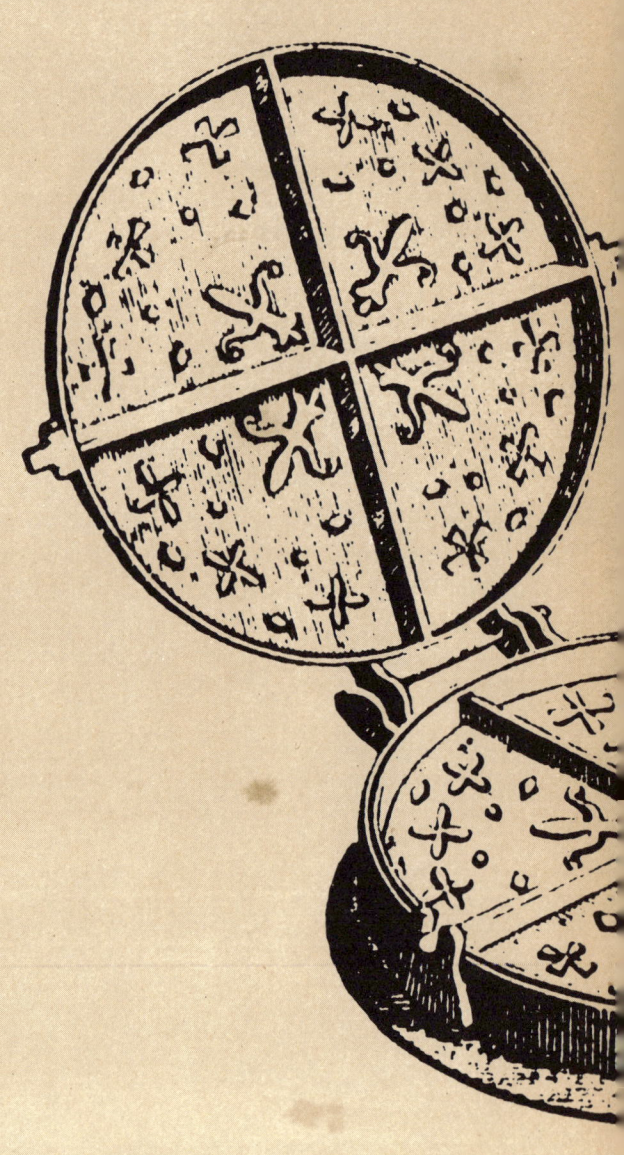

Weihnachtsguatsle

Schwäbisches Früchtebrot

5 Eier, 200 g Zucker, 1 Päckchen Vanillinzucker, 1 Teel. voll Gewürzmischung (je 1 Messerspitze Zimt, Ingwer, Muskat, Nelken, Kardamon und 1 Prise Salz), 100 g grob gehackte, ungeschälte Mandeln, 120 g grob gehackte, ungeschälte Haselnußkerne, 120 g grob gehackte Walnußkerne, 200 g kleingewürfelte, saftige Feigen, 100 g kleingewürfeltes Zitronat, 100 g kleingewürfeltes Orangeat, 200 g Rosinen, 200 g Korinthen, 200 g Mehl, 100 g Stärkepuder, 1 Teel. Backpulver

Mehl, Stärkepuder und Backpulver vermischen. Früchte und Mandeln über Nacht mit Rum oder Weinbrand befeuchten und kühlstellen. Eier und Zucker mit Hilfe eines Schneebesens oder einer Küchenmaschine 10 Minuten schlagen, die Früchte und Gewürze unterrühren und zuletzt die Mehlmischung zufügen. Den Teig in eine Rehrücken- oder Kastenform füllen (zuvor gut fetten und mit Bröseln ausstreuen). Bei 250° ca. 50–60 Minuten backen.

Das Früchtebrot möglichst erst nach 2 Tagen in Scheiben schneiden.

Wenn Du recht schaffust, so dörfst früt oben ein Pfarrhaus essen.

Stuttgarter Schnitzbrot

Dieses köstliche Brot aus getrockneten Hutzeln (Birnenschnitzen) hat Eduard Mörike angeregt, die Geschichte vom »Stuttgarter Hutzelmännlein« zu schreiben.

500 g Hutzeln (gedörrte Birnenschnitze), 500 g getrocknete Pflaumen, 40 g Hefe, 1000 g Mehl, 250 g Zucker, 500 g Feigen, 125 g Orangeat, 125 g Zitronat, alles gewürfelt, 250 g Hasel- oder Walnüsse, gemahlen, 250 g Mandeln, ungeschält, gemahlen, 250 g Sultaninen, 250 g Rosinen, 30 g Zimt, 1 Eßl. Anis, 1 Prise Salz

Pflaumen und Birnen über Nacht einweichen. Die Pflaumen entkernen und würfeln, die Birnen im Einweichwasser aufkochen, ebenfalls würfeln und zu den Pflaumen schütten. Zugedeckt über Nacht auskühlen lassen. Am Morgen die Früchte auf ein Sieb schütten. Mit der Brühe, die etwas angewärmt wird, und mit der Hefe, etwas Mehl und Zucker ein Hefestück ansetzen. Sobald es gegangen ist, das Mehl und nach und nach sämtliche anderen Zutaten darunterarbeiten. Den Teig gut zusammenschlagen, mit Mehl bestäuben und zugedeckt an einem warmen Ort gehenlassen. Sobald das Mehl Risse bekommt, den Teig auf dem Brett zusammenwirken. Stücke von 500 g abwiegen und zu Laiben formen. Über Nacht stehenlassen und am anderen Morgen bei 250°C 40–50 Minuten backen. Noch warm mit etwas Schnitzwasser, das dafür aufgehoben wird, bestreichen. Nach einigen Tagen kann das Hutzelbrot gegessen werden. Man kann es sehr lange aufbewahren.

Ulmer Brot

1500 g Mehl, 60 g Hefe, 1/2 l Milch, 125 g Butter, 250 g Zucker, 30 g Zitronat, gewürfelt, 1 Prise Anis – 1 Prise Fenchel, 3 Päckchen Vanillinzucker, Ei zum Bestreichen

Mit lauwarmer Milch ein Hefestück ansetzen. Nach dem Gehen das Mehl und die anderen Zutaten hineinarbeiten und den Teig gut schlagen. In 4–5 gleichmäßige Stücke teilen, jedes zu einem länglichen Laib formen, der in der Mitte der Länge nach eingeschnitten wird. Auf gefetteten Blechen 20 Minuten gehenlassen, dann außerhalb des Schnittes mit Ei bestreichen und bei 220°C backen.

Schwabenbrötle *Backen ich jedes Jahr wieder!*

375 g Mehl, 250 g Butter, 250 g Zucker, 250 g gemahlene Mandeln, 1 Teel. Zimt, 1 Zitronenschalenabgeriebenes, 1 Prise Salz, 2 Eier, Eigelb – Mandeln – Hagelzucker zum Verzieren

Alle Zutaten zusammenarbeiten, den Teig 1 Stunde kühlstellen und 1/2 cm dick ausrollen. Figuren ausstechen, über Nacht liegen lassen, mit Eigelb bestreichen, mit feingewiegten Mandeln und Hagelzucker bestreuen und bei 200°C ca. 25 Minuten backen.

Pomeranzenbrötle

250 g Zucker, 4 Eier, 60 g Mandel, geschält, gehackt, 1 Zitronenschalenabgeriebenes, 60 g Pomeranzenschale, gewürfelt, 300 g Mehl

Zucker und Eier schaumigrühren. Mandeln, Gewürze und Mehl nach und nach dazurühren. Die Masse mit Kaffeelöffel auf gefettete Bleche häufeln und 30 Minuten übertrocknen lassen. Bei 200° C ca. 20 Minuten backen.

Vanillebrötle

4 Eier, 300 g Puderzucker, 2 Päckchen Vanillinzucker, 1 Zitronenschalenabgeriebenes, 300 g Mehl, 1 Prise Salz

Eiweiß steif schlagen, Eigelb mit Zucker und Zitronenschale gut rühren, mit dem Schnee mischen und dann nach und nach das gesiebte Mehl darunterheben. Die Masse in einen Spritzbeutel mit Lochtülle füllen, auf gut gefettete Bleche kleine Punkte spritzen und trocknen lassen, bis sich die Plätzchen schieben lassen. Bei 180° C ca. 15 Minuten backen.

Zedernbrötle

2 Eiweiß, 375 g Zucker, 375 g Mandeln, ungeschält, gemahlen, 2 Zitronensäfte, 1 Zitronenschalenabgeriebenes

Eiweiß zu festem Schnee schlagen, den Zucker, dann die Mandeln und die Zitronengewürze daruntermischen. Den Teig ca. 5 mm dick ausrollen, Halbmonde ausstechen und über Nacht trocknen lassen. Bei 200° C ca. 20 Minuten backen. Noch warm mit Zitronenglasur streichen und im lauwarmen Ofen kurz übertrocknen.

Ungespritzte Zitronen kaufen.

Springerle

4 Eier, 500 g Puderzucker, 1 Prise Hirschhornsalz,
500 g Mehl, vom besten, 2 Eßl. Anis, 1 Zitronen-
schalenabgeriebenes, 1 Likörglas Kirschwasser

Eier und Zucker 1 Stunde schaumig rühren, das Triebmittel dazugeben und nach und nach das feingesiebte Mehl hineinregnen
lassen. Dann kommt das Gewürz dazu, und nun wird der Teig
auf dem Brett fertiggewirkt. 2 Stunden ruhen lassen. Die Model
mit einem kleinen mehlgefüllten Mullsäckchen gut ausstauben.
Den Teig etwa 1 cm dick ausrollen, in Größe des Models be-
schneiden, darauflegen und mit dem bemehlten Handballen fest
hineindrücken, damit die Formen scharf herauskommen. Dann
die einzelnen Stücke sauber abschneiden und auf das gefettete,
dünn mit Anis bestreute Blech legen. Nun läßt man sie 24 Stunden in der warmen Küche ruhen. Danach bei 180°C ganz langsam backen. Sie dürfen unten zart goldgelb werden und müssen
oben weiß bleiben und ein gleichmäßiges Füßchen bekommen.
Das ist ein Prüfstein und Ehrenpunkt.
Bitte nie mehr als 1 kg Teig anmachen, weil er sonst während
der Verarbeitung zu rasch trocknet.
Die Springerle müssen mindestens 4 Wochen kühl und nicht zu
trocken lagern, damit sie schön zart und mürbe werden.

Hat Omi immer gebacken.

Hägemakrönle

3 Eiweiß, 250 g Zucker, 2 Eßl. Häge-(Hagebutten-)
mark, 250 g Mandeln, geschält, gerieben, ½ Zitro-
nensaft

Eiweiß zu festem Schnee schlagen, Zucker und Hägemark
darunterziehen. Von dieser Masse ca. 5 Eßlöffel wegnehmen.
Unter den restlichen Teil die Mandeln und den Zitronensaft
mischen. Nun diese Masse in einen Spritzbeutel mit Lochtülle
füllen und auf gefettete und gemehlte Bleche spritzen, in der
Größe eines Markstückes etwa. In die Mitte dieser runden Tropfen mit einem Pinselstiel ein kleines Loch drücken, in dieses den
abgenommenen Schnee spritzen, nur einen kleinen Punkt, und
bei 180°C ca. 15 bis 30 Minuten backen.

Spitzbüble

250 g Butter, 375 g Mehl, 180 g Zucker, 2 Päckchen Vanillinzucker, Aprikosenmarmelade

Den Teig wie einen Mürbteig zubereiten, zu 5 mm Dicke ausrollen und rund oder gezackt in 3 Größen ausstechen. Bei 200°C ca. 15 Minuten schön blaßgelb backen. Kalt je 3 Stück zusammensetzen, dazwischen heiße Aprikosenmarmelade streichen. Diese kleinen Terrassen mit Zitronenglasur bestreichen oder mit Puderzucker bestreuen.

Butter-Essle

500 g Mehl, 250 g Butter, 200 g Zucker, 7 Eigelb, Eigelb – Hagelzucker zum Verzieren

Mehl zu einem Kranz auf das Backbrett schütten, Zucker hinein, darauf die Eier, gut mischen, dann die Butter dazu und vorsichtig mit dem Mehl zusammenwirken. Teig 20 Minuten ruhen lassen. In fingerdicke Streifen rollen, die in Stücke von 10 cm Länge geschnitten werden (Pappmaß). Diese Stücke zu »S« formen, mit Ei bestreichen, mit Hagelzucker bestreuen und auf Bleche setzen. Bei 200°C ca. 15 Minuten backen.

Albertle

100 g Butter, 4 Eier, 200 g Zucker, 1 Päckchen Vanillinzucker, 300 g Mehl – 100 g Mehl zum Auswellen, 200 g Stärkemehl, 2 Eßl. Rahm, 1 Backpulver

Butter schaumig rühren, wechselweise Eier, Zucker und hernach die anderen Zutaten beigeben. Teig 1 Stunde kühl ruhen lassen, dünn ausrollen, mit dem Reibeisen ein Muster aufdrücken, runde Plätzchen ausstechen und bei 180°C hellgelb backen.

Würd' ich dies Jahr mal probieren!

Bärentätzle oder Schokoladenmuscheln

4 Eiweiß, 250 g Zucker, 1 Zitronensaft, 60 g geriebene Schokolade, 60 g Kakao, 1 Päckchen Vanillinzucker, 250 g Mandeln, ungeschält, gemahlen

Eiweiß zu festem Schnee schlagen, Zucker darunterziehen, dann langsam sämtliche Zutaten dazugeben. Diese Masse 1 Stunde ruhen lassen. Teig mit Zucker und Mehl auf dem Brett glatt wirken, Rollen vom Durchmesser eines Zweimarkstückes formen, Stücke von ca. 50 g schneiden, die dann in die gezuckerte Holzform gedrückt werden. Auf gefettete Bleche setzen und über Nacht stehenlassen. Bei 200°C backen.

Wibele oder Geduldszeltle

5 Eiweiß, 125 g Puderzucker, 1 Päckchen Vanillinzucker, 180 g Mehl

Eiweiß mit Zucker steif schlagen und Mehl hineinregnen lassen. Masse in Spritzbeutel füllen. Nun auf gut gefettete Bleche immer zwei kleine Punkte aneinander setzen und über Nacht trocknen lassen. Bei 150°C ca. 10 Minuten backen.

Zuckerguß oder Zitronenglasur

200 g Puderzucker, klümpchenfrei, 2 Eßl. Zitronensaft, 2 Eßl. heißes Wasser, besser noch heiße Milch, der Guß wird weißer und glänzt besser

Mit einem kleinen Holzlöffel, später mit einem kleinen Schneebesen die Masse 5–10 Minuten rühren. Um zu decken, darf der Guß nicht zu dünn sein; bitte vorher auf einem Gebäckstück eine kleine Probe machen.
An Stelle von Zitronensaft kann Orangensaft oder beide zu gleichen Teilen verwendet werden.
Ebenso kann der neutrale Guß mit Vanille, Kirsch, Weinbrand, Rum oder irgendeinem Fruchtlikör versetzt werden.

Notizen & weitere Rezepte:

Notizen & weitere Rezepte:

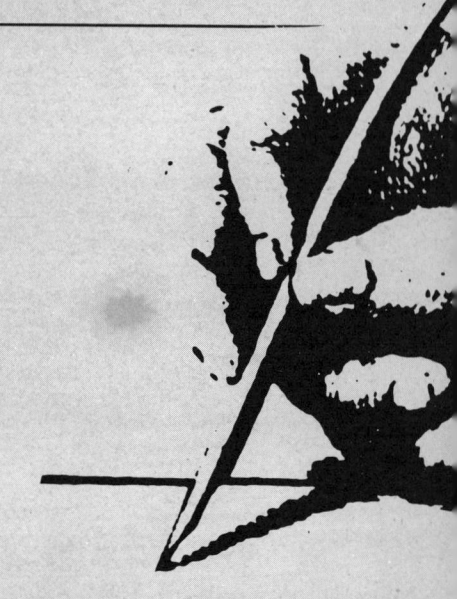

D' Supp
wird net so hoiß gesse,
wie se kochet wird

Inhalt

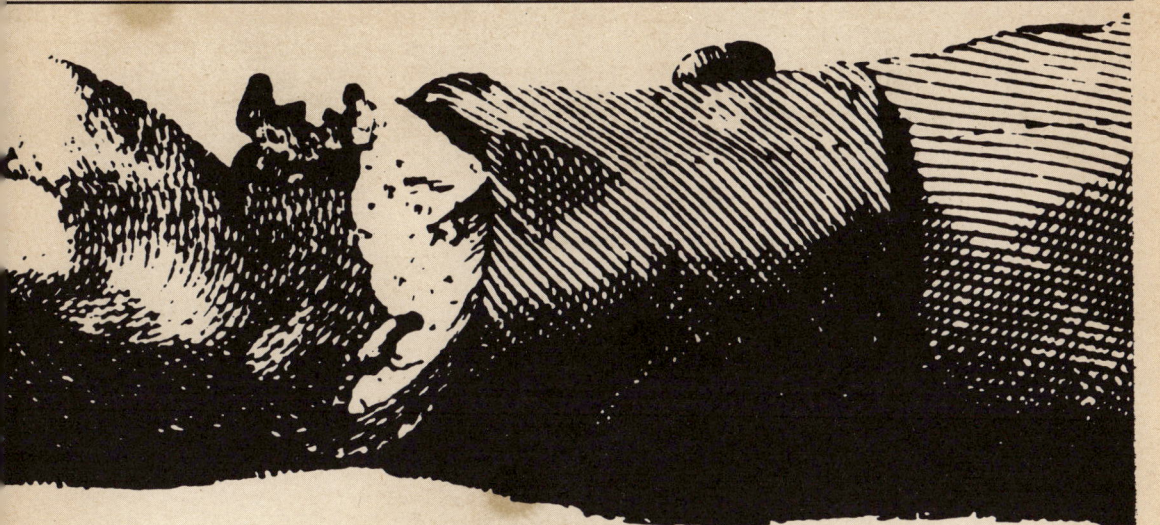

Suppen und Suppeneinlagen

Veschper und Würscht

Spätzle – Maultaschen und andere Spezialitäten

Fisch

Fleischgerichte

Wild und Geflügel

Eintöpfe

Gemüse und Salate

Gsälz (Marmeladen) und eingelegte Früchte

Nachtisch

Kuchen und Gebäck

Weihnachtsguatsle

Wenn Sie sich für weitere Bücher aus unserem Verlag interessieren, schreiben Sie uns oder fragen Sie Ihren Buchhändler. Nachdem Sie dieses Buch kennengelernt haben, werden Ihnen sicher auch unsere anderen Titel zusagen, wobei Sie diejenigen, die wie das vorliegende Buch auch zur Landschaftsserie gehören, alle zu dem gleichen Preis erwerben können.

Eine kleine Überraschung haben wir noch für Sie. Sie können bei uns eine Schürze aus dem Umschlagstoff dieses Buches, aber auch aller anderer Landschafts-Titel unseres Verlages bestellen, besonders zum Verschenken und Selberschenken, zum Preis von DM 18,–. Sie wird Ihnen bestimmt gefallen!

In unserem Verlag sind erschienen:

Das Kochbuch aus Hamburg
Das Kochbuch vom Oberrhein
Das Kochbuch aus Berlin
Das Kochbuch aus München und Oberbayern
Das Kochbuch aus Niederbayern und der Oberpfalz
Das Kochbuch aus Franken
Das Kochbuch aus Bremen
Das Kochbuch aus dem Münsterland
Das Kochbuch aus Westfalen
Das Kochbuch aus Hessen
Das Kochbuch aus Thüringen, Sachsen und Schlesien
Das Kochbuch aus Mecklenburg, Pommern und Ostpreußen
Das Kochbuch aus Schleswig-Holstein
Das Kochbuch aus dem Rheinland
Das Kochbuch aus dem Ruhrgebiet
Das Kochbuch aus Ostfriesland
Das Kochbuch aus Niedersachsen
Das Kochbuch aus dem Saarland
Das Kochbuch aus dem Schwarzwald
Das Kochbuch von der Mosel
Das Kochbuch vom Dreiländereck
Das Kochbuch aus dem Sauerland

Das Kochbuch aus Tirol
Das Kochbuch aus Kärnten

Das Kochbuch aus der Innerschweiz
Das Kochbuch aus der Ostschweiz
Das Kochbuch aus Basel
Das Kochbuch aus Graubünden
Das Kochbuch aus dem Bernbiet
Das Kochbuch aus dem Tessin

Das Kochbuch aus dem Elsaß (franz./deutsch)
Das Kochbuch aus Schottland (engl./deutsch)
Das Kochbuch aus Lyon (franz./deutsch)

Das praktische Jagdkochbuch
Das Buch vom schönen Backen
Das Kochbuch aus Kombüse und Pantry

In Vorbereitung:
Das Kochbuch aus der Westschweiz
Das Kochbuch aus der Tschechoslowakei (tschechisch/deutsch)
Das Kochbuch aus Salzburg